새로운 도서,
다양한 자료
동양북스
홈페이지에서
만나보세요!

www.dongyangbooks.com
m.dongyangbooks.com

홈페이지 도서 자료실에서 학습자료 및 MP3 무료 다운로드

PC

❶ 홈페이지 접속 후 **도서 자료실** 클릭
❷ **하단 검색 창**에 검색어 입력
❸ MP3, 정답과 해설, 부가자료 등 첨부파일 다운로드
  * 원하는 자료가 없는 경우 '요청하기' 클릭!

MOBILE

* 반드시 '인터넷, Safari, Chrome' App을 이용하여 홈페이지에 접속해주세요. (네이버, 다음 App 이용 시 첨부파일의 확장자명이 변경되어 저장되는 오류가 발생할 수 있습니다.)

❶ 홈페이지 접속 후 ☰ 터치

❷ **도서 자료실** 터치

❸ **하단 검색창**에 검색어 입력
❹ MP3, 정답과 해설, 부가자료 등 첨부파일 다운로드
  * 압축 해제 방법은 '다운로드 Tip' 참고

미래와 통하는 책

가장 쉬운 독학
일본어 첫걸음
14,000원

버전업! 굿모닝
독학 일본어 첫걸음
14,500원

일단 합격하고 오겠습니다
JLPT 일본어능력시험 N3
26,000원

일본어 100문장 암기하고
왕초보 탈출하기
13,500원

가장 쉬운 독학
중국어 첫걸음
14,000원

가장 쉬운 중국어
첫걸음의 모든 것
14,500원

일단 합격 新HSK
한 권이면 끝! 4급
24,000원

중국어
지금 시작해
14,500원

영어를 해석하지 않고
읽는 법
15,500원

미국식
영작문 수업
14,500원

세상에서 제일 쉬운
10문장 영어회화
13,500원

영어회화
순간패턴 200
14,500원

가장 쉬운 독학
베트남어 첫걸음
15,000원

가장 쉬운 독학
프랑스어 첫걸음
16,500원

가장 쉬운 독학
스페인어 첫걸음
15,000원

가장 쉬운 독학
독일어 첫걸음
17,000원

동양북스 베스트 도서

THE
GOAL 1
22,000원

인스타
브레인
15,000원

직장인, 100만 원으로
주식투자 하기
17,500원

당신의 어린 시절이
울고 있다
13,800원

놀면서 스마트해지는 두뇌 자극
플레이북 딴짓거리 EASY
12,500원

죽기 전까지
병원 갈 일 없는 스트레칭
13,500원

가장 쉬운 독학
이세돌 바둑 첫걸음
16,500원

누가 봐도 괜찮은 손글씨 쓰는
법을 하나씩 하나씩 알기 쉽게
13,500원

가장 쉬운 초등 필수 파닉스
하루 한 장의 기적
14,000원

가장 쉬운 알파벳 쓰기
하루 한 장의 기적
12,000원

가장 쉬운 영어 발음기호
하루 한 장의 기적
12,500원

가장 쉬운 초등한자 따라쓰기
하루 한 장의 기적
9,500원

세상에서 제일 쉬운
엄마표 생활영어
12,500원

세상에서 제일 쉬운
엄마표 영어놀이
13,500원

창의쑥쑥 환이맘의
엄마표 놀이육아
14,500원

동양북스
www.dongyangbooks.com
m.dongyangbooks.com

| 일본어뱅크 |

Can-Do로 배우는
실용 일본어 회화

좋아요
일본어
커뮤니케이션

사쿠마 시로·사이키 가쓰히로·가와무로 겐이치로·
감영희·미우라 마사요·아오키 히로유키·하타사 다에 저

동양북스

| 일본어뱅크 |

Can-Do로 배우는
실용 일본어 회화

좋아요
일본어
커뮤니케이션

초판 인쇄 | 2021년 9월 1일
초판 발행 | 2021년 9월 10일

지은이 | 사쿠마 시로, 사이키 가쓰히로, 가와무로 겐이치로, 감영희, 미우라 마사요, 아오키 히로유키, 하타사 다에
발행인 | 김태웅
책임편집 | 이선민
디자인 | 남은혜, 신효선
마케팅 | 나재승
제 작 | 현대순

발행처 | (주)동양북스
등 록 | 제 2014-000055호(2014년 2월 7일)
주 소 | 서울시 마포구 동교로22길 14 (04030)
구입 문의 | 전화 (02)337-1737   팩스 (02)334-6624
내용 문의 | 전화 (02)337-1762   dybooks2@gmail.com

ISBN 979-11-5768-735-0 13730

전통적인 외국어 학습법 중에 '문형 쌓기'라는 방식이 있습니다. 이 방식은 쉬운 문형으로부터 시작하여 점차 어려운 문형으로 수준을 올려가는 것입니다. 외국어 학습법으로서 널리 활용되어 왔으며 지금도 많은 교육기관에서 채택하고 있습니다.

그런데 문형 지식만으로 실제 커뮤니케이션을 하는 것은 어렵습니다. 그래서 교수자는 수업에서 다루는 문형으로 어떤 커뮤니케이션을 할 수 있는지에 대해, 늘 고민하면서 수업을 구성합니다. 그러나 그러한 식의 실러버스는 문형 연습을 통한 실력 축적이 목적이므로, 커뮤니케이션 능력 향상을 지향하기에는 다소 어려운 점이 있습니다. 실제 커뮤니케이션에서는 '문형에 관한 지식량'이 아니라, 특정 상황에서 '상대방의 말을 알아듣고 본인이 하고자 하는 말을 전달하는 능력'이 보다 중요하기 때문입니다.

따라서 커뮤니케이션을 목적으로 하는 외국어 학습의 경우, 사용하는 교재도 그 목적에 부합하는 것이어야 할 것입니다. 그러한 차원에서 본 교재는 '일본어로 커뮤니케이션 하는 것'을 목적으로 만들어졌습니다. 그 바탕에는 '행동 중심 학습법'이 깔려 있습니다. '문형 쌓기 방식'의 학습법은 공부한 내용을 "어떤 행동을 할 때 사용할 수 있을까"라고 생각하게 됩니다. 하지만 '행동 중심 학습법'에서는 그 반대로 "이 행동을 하기 위해서는 어떤 표현이 필요할까"라는 생각에서 우선 출발하게 됩니다.

본 교재에서는 그러한 행동 장면으로서 '일본에 여행을 갔을 때'와 '일본인 친구가 한국에 왔을 때'의 두 가지 상황을 설정하고, 다양한 행동 완수를 위해 필요한 일본어 표현에 대해 주제별로 연습할 수 있도록 구성하였습니다.

일본어를 자세히 알기 위해서는 '문형 쌓기 방식'의 학습법도 하나의 선택이 될 수 있습니다. 그것은 다양한 문법적 지식과 많은 어휘를 습득하는 것이 언어구사 능력의 중요한 바탕이 되기 때문일 것입니다. 그러한 학습 방법을 원하신다면 〈좋아요 일본어〉 시리즈 1~6으로 공부를 하시면 많은 도움이 될 것입니다. 더불어 커뮤니케이션 위주의 일본어 학습법을 원하신다면, 본 교재를 꼭 한번 사용해 보시기를 권해 드리고자 합니다.

감사합니다.

2021년 8월 저자 일동

本書をお使いの先生へ

　本書は、日本語を使ったタスク遂行能力としてのCan-Doを中心にすえた教材です。執筆陣のあいだでCEFR(ヨーロッパ言語共通参照枠)の研究を一定期間おこない、CEFRやCan-Doに関する共通理解を得たのち、韓国国内むけの日本語Can-Do教材として考案・開発しました。

　有名な日本語のCan-Do教材としては、『まるごと 日本のことばと文化』があり、近年では『いろどり 生活の日本語』というオンライン教材も広く利用されています。いずれも国際交流基金の発行であり、日本語のCan-Do教材としてはこれらにまさるものはないでしょう。ただ、これら二つの教材は世界中のさまざまな学習者を対象とした汎用的な使用を前提として作られています。韓国在住の日本語学習者のみを対象として考えた場合、現実的に遭遇しえないような状況も少なからず含まれているため、実際の学習者のニーズと若干のズレが生じることもあります。

　本書ではこのようなズレを解消すべく、韓国在住の日本語学習者が実際に遭遇しうる状況として「日本へ旅行したとき」と「日本から友人・知人が来韓したとき」の二つを想定し、より実用的な場面での日本語能力獲得を目指し構成しました。これにより本書は1部「日本旅行編」と2部「韓国案内編」の二部構成となっています。

　大学の授業での使用を優先的に考えているため、基本的には大学生等の青年層を学習者として想定していますが、中等教育や私設教育機関等でも広く活用できるものとなっています。

　レベルとしては、CEFRや国際交流基金のJFスタンダードで提示されているA1〜A2を想定していますが、レベルに執着するよりも、実際に遭遇しうる場面・状況に重きをおいているため、Can-Doによって多少のばらつきがあります。全体としては1部の「日本旅行編」より2部の「韓国案内編」の方が、説明する場面が多いためややレベルが高めとなっています。また、2部ではくだけた言葉遣い(いわゆるタメ口)も多く導入しました。2部の「話しましょう」は基本的にくだけた言葉遣いで会話が構成されています。

　トピック別に各部5課ずつ、全10課で構成し、各課にCan-Doが二つずつあります。各Can-Doの構成は、「導入」→「単語・表現」→「読みましょう」→「聞きましょう」→ (「説明しましょう」) →「話しましょう」→「やってみましょう」となっています。Can-Doの核心は「やってみましょう」にあり、「導入」から「話しましょう」までは、そこに至るまでの準備段階という位置づけです。つまり、各学習項目を経るにしたがって自然とCan-Doのポイントに近づいていく構成となっているため、授業では語句や文法の細かい説明や口頭練習、正確な解釈等をする必要はありません。さらっと流す感じで進めてください。ただ「話しましょう」は「やってみましょう」と同じ会話の構成となっており、学習者がそのまま活用できる表現が含まれているので、他の項目よりは丁寧に学習した方がよいでしょう。説明や練習が必要と感じる場合は、状況に応じて個別に導入してください。

　また、各課の最後には「チャレンジ」として、Can-Doの内容には入っていない表現のうち、その課のトピックの状況でよく使われる表現を練習します。最初の3つは「話してほしい日本語表現」、あとの3つは「聞き取ってほしい日本語表現」です。いずれも使用頻度の高い表現なので、授業でもぜひ扱っていただきたいと思います。

　本書が先生の授業に少しでもお役に立てれば幸いです。

이 책의 구성

■ 전체 구성

이 책은 모두 10개의 챕터로 구성되어 있으며, 챕터 1~5는 1부 '일본 여행편', 챕터 6~10은 2부 '한국 안내편'입니다.

1부 일본 여행 편

1부의 전체적인 Can-Do(달성 목표)는 '간단한 일본어를 사용해서 일본 여행을 즐길 수 있다' 입니다. 이 Can-Do를 달성하기 위해 챕터를 [1. 입국, 2. 숙박, 3. 쇼핑, 4. 식사, 5. 교류]의 다섯 가지 주제로 나누어, 한 챕터에 구체적인 Can-Do를 두 개씩 구성했습니다. 일본을 여행 하는 일본어 학습자가 실제로 만나게 될 여러 장면을 설정하여 일본어를 사용하면서 여행을 즐기기 위한 일본어 표현들을 배우는 내용입니다.

2부 한국 안내편

2부의 전체적인 Can-Do는 '간단한 일본어를 사용해서 한국에 온 일본인 친구를 안내할 수 있 다'입니다. 이 Can-Do를 달성하기 위해 챕터를 [6. 계획, 7. 교통, 8. 식사, 9. 관광, 10. 교류] 의 다섯 가지 주제로 나누어, 1부와 마찬가지로 한 챕터에 두 개씩 Can-Do를 구성했습니다. 2부에서는 일본 여행에서 만난 일본인 친구가 한국에 놀러 왔다고 가정하여 그 친구가 쾌적 하게 한국을 여행할 수 있게 도와주기 위한 일본어 표현들을 배우는 내용입니다.

1부와 2부를 합쳐 모두 20개의 Can-Do로 구성되어 있는 이 책은 일반적인 일본어 교재와 달리 일 본어 문장을 해석하는 식의 학습법은 염두에 두지 않고 책 내용에도 개별 문법 설명이나 문형 연습 등은 배제되어 있습니다. 때로는 각 항목에서 낯선 단어나 난이도가 다소 높아 보이는 표현이 나올 수도 있습니다. 그것은 그 상황에서 흔히 사용할 만한 표현이라면 난이도와 크게 상관없이 소개할 필요가 있기 때문입니다. 그러나 간단한 일본어를 사용한다는 것을 전제로 하기 때문에 학습자는 까 다로운 표현을 사용할 필요는 없으며 최종적으로 자신이 사용할 수 있는 표현을 자유롭게 사용해서 Can-Do를 수행하면 됩니다.

이 책의 구성

■ 각 챕터의 구성

Can-Do

첫 페이지에 나오는 다양한 사진이나 그림 자료를 통해 교사와
학습자가 자유롭게 대화를 나누어 보면서 해당 Can-Do가
어떤 장면에서 이루어지는지 이미지를 떠올리게 합니다.

단어 · 표현

해당 Can-Do 장면에서 나올 만한 주요 어구들을 익
히고, 짧은 문장을 일본어로 표현해 봅니다.

읽읍시다

읽기 자료와 질문을 통해 해당 Can-Do의 표현을 익히거나
대화 장면의 이미지를 강화시킵니다.

들읍시다

대화 음성과 질문을 통해 해당 Can-Do에서 사용하
는 대화의 흐름과 표현을 익힙니다. '읽읍시다'와 '들읍
시다'는 Can-Do로 이르는 단계에 불과하기 때문에
거기에 나오는 단어나 문장을 하나하나 모두 정확하
게 해석하고 이해할 필요는 없습니다.

설명합시다

2부 '한국 안내편'에서는 '읽읍시다' 대신에 '설명합시다'가 구성된 경우도 있습니다. '이야기합시다'에서 실제 대화 흐름을 연습하기 전에, 해당 Can-Do와 관련된 사항들을 일본인 친구에게 설명하는 연습을 해 둡니다.

이야기합시다   해봅시다

Can-Do의 핵심 부분입니다. 실제적인 대화를 정해진 표현들로 연습한 후, 마지막으로 '해봅시다'에서 실제로 학습자 본인 스스로 대화를 만들고 실천해 보면서 하나의 Can-Do가 완성됩니다.

챌린지

각 챕터 마지막 페이지에 '챌린지'를 넣었습니다. 여기서는 Can-Do에서 다루지 않았으나, 해당 챕터 주제와 관련된 상황에서 흔히 사용되는 표현들을 말하기와 듣기로 나누어 연습합니다.

목차

1부 일본 여행편

2부 한국 안내편

1 にゅうこく 入国

입국

Can-Do 1

입국 절차를 거칠 수 있다.

Can-Do 2

공항에서 대중교통을 이용할 수 있다.

Can-Do 1

입국 절차를 거칠 수 있다.

▶ 入国記録カードに何を書きますか。

外国人入国記録	DISEMBARKATION CARD FOR FOREIGNER	【 ARRIVAL 】

英語又は日本語で記載して下さい。 Enter information in either English or Japanese.

氏　名 Name	Family Name ①		Given Names ②
生年月日 Date of Birth	Day 日　　Month 月　　Year 年 ③	現　住　所 Home Address	国名 Country name　④　都市名 City name　⑤
渡航目的 Purpose of visit	□観光 Tourism　□商用 Business　□親族訪問 Visiting relatives ⑥ □その他 Others （　　　　　）	航空機便名・船名 Last flight No./Vessel	⑦
		日本滞在予定期間 Intended length of stay in Japan	⑧
日本の連絡先 Intended address in Japan	⑨		TEL ⑩

裏面の質問事項について，該当するものに☑を記入して下さい。 Check the boxes for the applicable answers to the questions on the back side.

⑪	1. 日本での退去強制歴・上陸拒否歴の有無 Any history of receiving a deportation order or refusal of entry into Japan	□はい Yes	□いいえ No
⑫	2. 有罪判決の有無（日本での判決に限らない） Any history of being convicted of a crime (not only in Japan)	□はい Yes	□いいえ No
⑬	3. 規制薬物・銃砲・刀剣類・火薬類の所持 Possession of controlled substances, guns, bladed weapons, or gunpowder	□はい Yes	□いいえ No

以上の記載内容は事実と相違ありません。 I hereby declare that the statement given above is true and accurate.

署名 Signature ⑭

単語・表現
たんご・ひょうげん

🌸 주요 어구 익히기

外国人 がいこくじん 외국인	入国審査 にゅうこくしんさ 입국심사	税関検査 ぜいかんけんさ 세관검사
申告書 しんこくしょ 신고서	パスポート 여권	滞在先 たいざいさき 체류지
観光 かんこう 관광	左側 ひだりがわ 좌측, 왼쪽	初めて はじ 처음
～回目 かいめ ～번째	～から ～에서 (출발점)	お決まりですか き 정하셨습니까?
よろしいですか 되겠습니까? (허락을 구함)	かまいません 괜찮습니다 (허락함)	お進みください すす 가세요 (가는 방향을 안내)

1. 한국에서 왔습니다. ....

2. A : 가방을 열어도 되겠습니까? ....

   B : 네, 괜찮습니다. ....

3. 일본에 오는 것은 세 번째입니다. ....

4 왼쪽으로 가세요. ....

5. 체류지는 정하셨나요? ....

<ruby>読<rt>よ</rt></ruby>みましょう

❀ 공항의 안내판

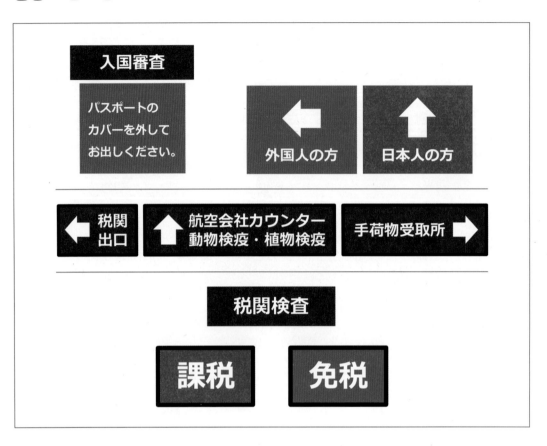

入国審査

パスポートの
カバーを外して
お出しください。

← 外国人の方

↑ 日本人の方

← 税関
出口

↑ 航空会社カウンター
動物検疫・植物検疫

手荷物受取所 →

税関検査

課税   免税

---

1. 입국심사 때 한국인 관광객은 어느 쪽으로 가야 할까요?

2. 입국심사 때 여권 커버는 어떻게 해야 할까요?

3. 수하물을 맡긴 경우에는 입국심사 후 먼저 어느 쪽으로 가면 될까요?

4. 세관검사 때 면세 범위를 넘지 않은 사람은 무슨 색깔의 검사대로 가면 될까요?

🌸 **공항 입국장** 🎧 01-01

〈入国審査場前 입국심사장 앞〉

1. 한국인 관광객은 어느 쪽으로 가야 합니까?

| A 곧장 | B 뒤쪽으로 | C 오른쪽으로 | D 왼쪽으로 |

〈入国審査中 입국심사 중〉

2. 이 입국자의 목적은 무엇입니까?

| A 관광 | B 출장 | C 유학 | D 지인 방문 |

3. 이 입국자가 일본에 온 것은 몇 번째입니까?

| A 처음 | B 두 번째 | C 세 번째 | D 네 번째 |

〈税関検査 세관검사〉

4. 세관검사 때 여권과 함께 제시해야 하는 것은 무엇입니까?

| A 항공권 | B 세관신고서 | C 입국기록카드 | D 면세점 영수증 |

話しましょう

 入国審査 🎧 01–02

 심사관　日本へは初めてですか。

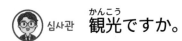 나　Ⓐ はい、初めてです。

Ⓑ いいえ、2回目です。

Ⓒ 10回以上来たことがあります。

 심사관　観光ですか。

 나　はい。

 심사관　期間はどのくらいですか。

 나　Ⓐ 5日間です。

Ⓑ 1週間の予定です。

Ⓒ 明日帰ります。

 심사관　そうですか。滞在先はお決まりですか。

 나　Ⓐ 新宿のニュープラザホテルです。

Ⓑ 難波の大阪ゲストハウスです。

Ⓒ 東京カプセルホテルです。

 심사관　はい、結構です。

❀ 세관검사 🎧 01-03

 직원 　どちらからいらっしゃいましたか。

 나 　Ⓐ <ruby>韓国<rt>かんこく</rt></ruby>の<ruby>釜山<rt>プ サン</rt></ruby>です。

　　　　　Ⓑ ソウルです。
　　　　　Ⓒ <ruby>韓国<rt>かんこく</rt></ruby>から<ruby>来<rt>き</rt></ruby>ました。

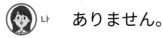 직원 　<ruby>申告<rt>しんこく</rt></ruby>していないものはありませんか。

　　　 나 　ありません。

　　　 직원 　カバンには<ruby>何<rt>なに</rt></ruby>が<ruby>入<rt>はい</rt></ruby>っているんですか。

 나 　Ⓐ <ruby>着替<rt>き が</rt></ruby>えとか、ガイドブックなんかが<ruby>入<rt>はい</rt></ruby>っています。

　　　　　Ⓑ <ruby>旅行<rt>りょこう</rt></ruby>に<ruby>必要<rt>ひつよう</rt></ruby>なものです。
　　　　　Ⓒ <ruby>韓国<rt>かんこく</rt></ruby>のおみやげとか、いろいろ<ruby>入<rt>はい</rt></ruby>っています。

　　　 직원 　<ruby>開<rt>あ</rt></ruby>けて<ruby>確認<rt>かくにん</rt></ruby>してもよろしいですか。

 나 　Ⓐ どうぞ。

　　　　　Ⓑ かまいませんよ。

　　　　　Ⓒ いいですよ。でも、なるべく<ruby>早<rt>はや</rt></ruby>めにお<ruby>願<rt>ねが</rt></ruby>いします。

　　　 직원 　ご<ruby>協力<rt>きょうりょく</rt></ruby>、ありがとうございます。

やってみましょう

❀ 입국심사

심사관 　日本へは初めてですか。

🙎 나　[대답]
～～～～～～～～～～～～～～～～～～～～～～

심사관 　観光ですか。

🙎 나　[대답]
～～～～～～～～～～～～～～～～～～～～～～

심사관 　期間はどのくらいですか。

🙎 나　[대답]
～～～～～～～～～～～～～～～～～～～～～～

심사관 　そうですか。滞在先はお決まりですか。

🙎 나　[대답]
～～～～～～～～～～～～～～～～～～～～～～

심사관 　はい、結構です。

🌸 세관검사

직원　どちらからいらっしゃいましたか。

나　[대답] 〰〰〰〰〰〰〰〰〰〰〰〰〰〰〰〰〰〰〰

직원　<ruby>申告<rt>しんこく</rt></ruby>していないものはありませんか。

[대답] 〰〰〰〰〰〰〰〰〰〰〰〰〰〰〰〰〰〰〰

직원　カバンには<ruby>何<rt>なに</rt></ruby>が<ruby>入<rt>はい</rt></ruby>っているんですか。

나　[대답] 〰〰〰〰〰〰〰〰〰〰〰〰〰〰〰〰〰〰〰

직원　<ruby>開<rt>あ</rt></ruby>けて<ruby>確認<rt>かくにん</rt></ruby>してもよろしいですか。

나　[대답] 〰〰〰〰〰〰〰〰〰〰〰〰〰〰〰〰〰〰〰

직원　ご<ruby>協力<rt>きょうりょく</rt></ruby>、ありがとうございます。

Can-Do 2

공항에서 대중교통을 이용할 수 있다.

▶ 空港から目的地までどんな交通手段を使いますか。

[도쿄, 나리타공항에서]

京成スカイライナー	ＪＲ成田エクスプレス	エアポートバス東京・成田

日暮里駅まで40分	東京駅まで約１時間	東京駅まで約１時間
2,520円	1,730円	1,300円

[오사카, 간사이공항에서]

南海ラピート	ＪＲ関空特急はるか	関西空港リムジンバス

なんば駅まで38分	新大阪駅まで52分	大阪駅まで58分
1,290円	2,260円	1,600円

🌸 주요 어구 익히기

えき 駅 역	じ ゆうせき 自由席 자유석	の ば 乗り場 승강장
りょうきん 料金 요금	おすすめ 추천, 추천하는 것	つ 着く 도착하다
かかる 걸리다	の か 乗り換える 갈아타다	たか 高い 비싸다
やす 安い 싸다	いちばんはや 一番速い 제일 빠르다	いそ 急いでいる 서두르고 있다
うかが お伺いする 여쭤보다	りょう ご利用ください 이용하십시오	どう行けばいいですか い 어떻게 가면 됩니까?

1. 몇 번 승강장입니까? _____

2. 얼마나 걸립니까? _____

3. 지하철로 갈아탑니다. _____

4. 말씀 좀 묻겠습니다. _____

5. 어떻게 가면 되나요? _____

<ruby>読<rt>よ</rt></ruby>みましょう

읽읍시다

❀ 기차역의 안내판

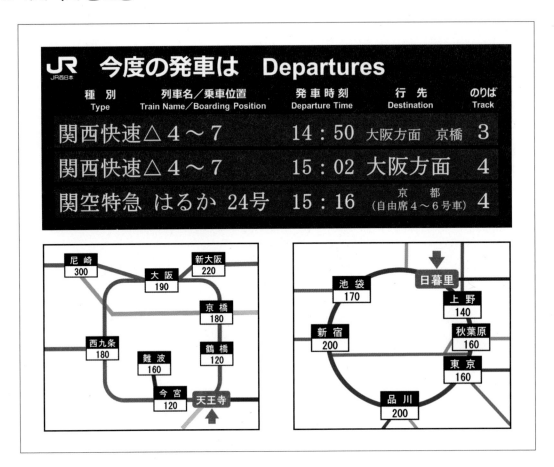

1. 京都<small>きょうと</small>행 関空特急<small>かんくうとっきゅう</small>はるか를 타려고 합니다만, 몇 번 승강장에서 타면 될까요?

2. 京都<small>きょうと</small>행 関空特急<small>かんくうとっきゅう</small>はるか의 자유석 승차권을 샀습니다만, 몇 호차를 타면 될까요?

3. 지금 天王寺<small>てんのうじ</small>역에 있습니다. 難波<small>なんば</small>까지 가려고 합니다만, 요금은 얼마인가요?

4. 지금 日暮里<small>にっぽり</small>역에 있습니다. 新宿<small>しんじゅく</small>까지 가려고 합니다만, 요금은 얼마인가요?

聞きましょう

_き

❀ **교통편 문의** 🎧 02-01

	やまざき 山崎さん	いしかわ 石川さん	もり 森さん
1			
2			
3			

1. 어디로 갑니까?

A 도쿄역	B 요코하마역	C 오사카역	D 하카타역

2. 무엇을 타고 가기로 했나요?

A 택시	B 버스	C 전철(JR)	D 지하철

3. 시간은 얼마나 걸리나요?

A 5분	B 15분	C 60분	D 70분

<ruby>話<rt>はな</rt></ruby>しましょう

🌸 공항 안내소에서 🎧 02-02

 나
<ruby>京都駅<rt>きょうとえき</rt></ruby>まで<ruby>行<rt>い</rt></ruby>きたいんですが、どう<ruby>行<rt>い</rt></ruby>けばいいですか。

 안내원
<ruby>電車<rt>でんしゃ</rt></ruby>とバスがありますが。

 나
Ⓐ <ruby>一番安<rt>いちばんやす</rt></ruby>いのは<ruby>何<rt>なん</rt></ruby>ですか。

Ⓑ <ruby>一番速<rt>いちばんはや</rt></ruby>いのは<ruby>何<rt>なん</rt></ruby>ですか。

Ⓒ おすすめは<ruby>何<rt>なん</rt></ruby>ですか。

안내원
Ⓐ それなら<ruby>南海<rt>なんかい</rt></ruby>ラピートをご<ruby>利用<rt>りよう</rt></ruby>ください。

Ⓑ <ruby>JR<rt>ジェーアール</rt></ruby>の<ruby>関空特急<rt>かんくうとっきゅう</rt></ruby>はるかですね。<ruby>料金<rt>りょうきん</rt></ruby>は<ruby>少<rt>すこ</rt></ruby>し<ruby>高<rt>たか</rt></ruby>いですが、1<ruby>時間<rt>じかん</rt></ruby>20<ruby>分<rt>ぷん</rt></ruby>で<ruby>着<rt>つ</rt></ruby>きます。

Ⓒ リムジンバスはいかがでしょうか。<ruby>乗<rt>の</rt></ruby>り<ruby>換<rt>か</rt></ruby>えもなく<ruby>料金<rt>りょうきん</rt></ruby>は2,600<ruby>円<rt>えん</rt></ruby>です。

 나
Ⓐ <ruby>南海<rt>なんかい</rt></ruby>ラピートですね。いくらですか。

Ⓑ <ruby>関空特急<rt>かんくうとっきゅう</rt></ruby>はるかですね。<ruby>乗<rt>の</rt></ruby>り<ruby>換<rt>か</rt></ruby>えはありますか。

Ⓒ リムジンバスですね。どのくらいかかりますか。

안내원
Ⓐ なんば<ruby>駅<rt>えき</rt></ruby>で<ruby>地下鉄<rt>ちかてつ</rt></ruby>に、<ruby>西梅田駅<rt>にしうめだえき</rt></ruby>で<ruby>JR線<rt>ジェーアールせん</rt></ruby>に<ruby>乗<rt>の</rt></ruby>り<ruby>換<rt>か</rt></ruby>えて2,090<ruby>円<rt>えん</rt></ruby>です。

Ⓑ いいえ、ございません。

Ⓒ 1<ruby>時間半<rt>じかんはん</rt></ruby>ほどで<ruby>着<rt>つ</rt></ruby>きます。

나
<ruby>分<rt>わ</rt></ruby>かりました。ありがとうございます。

やってみましょう

❀ 공항 안내소에서

▶ 간사이공항에서 교토역까지 가는 방법을 물어봅시다!

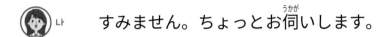

나 　すみません。ちょっとお伺_{うかが}いします。

안내원 　はい、どうぞ。

나 　京都駅_{きょうとえき}まで行_いきたいんですが、どう行_いけばいいですか。

안내원 　電車_{でんしゃ}とバスがありますが。

나 　[질문] 〜〜〜〜〜〜〜〜〜〜〜〜〜〜〜〜〜〜〜〜〜〜〜〜

안내원 　[대답]

나 　[질문] 〜〜〜〜〜〜〜〜〜〜〜〜〜〜〜〜〜〜〜〜〜〜〜〜

안내원 　[대답]

나 　分_わかりました。ありがとうございます。

チャレンジ！

①　다음 말을 하고 싶을 때 일본어로 어떻게 표현하면 될까요?

　　① 짐이 나오지 않습니다.

　　② 신주쿠까지 어른 1장 주세요.

　　③ 저기, 실례합니다. 지하철은 어디에 있습니까?

②　다음 말을 들었을 때 한국어로 어떻게 해석하면 될까요?

　　① どちらまで行かれますか？

　　② バス乗り場は1階にございます。

　　③ あちらのみどりの窓口でお買い求めください。

② しゅくはく 宿泊

숙박

🌐 **Can-Do 3**

숙소에 체크인할 수 있다.

🌐 **Can-Do 4**

숙소 직원에게 문의할 수 있다.

Can-Do 3

숙소에 체크인할 수 있다.

▶ どんなところに泊まりたいですか。

リゾートホテル

ビジネスホテル

温泉旅館
（おんせんりょかん）

ユースホステル

カプセルホテル

ゲストハウス

ネットカフェ

民泊
（みんぱく）

健康ランド
（けんこう）

単語・表現
たんご・ひょうげん

❀ 주요 어구 익히기

フロント 프런트	チェックイン 체크인	チェックアウト 체크아웃
シングル 싱글	ダブル 더블	ツイン 트윈
和室（わしつ） 일본식 방	洋室（ようしつ） 서양식 방	空室（くうしつ） 빈방
ドミトリー 도미토리	禁煙ルーム（きんえん） 금연실	喫煙ルーム（きつえん） 흡연실
朝食付き（ちょうしょくつ） 조식 포함	〜泊（はく/ぱく） 〜박 (숙박 일수)	予約内容を確認する（よやくないよう・かくにん） 예약 내용을 확인하다

お記入（きにゅう）ください
기입해 주십시오

お待（ま）ちしておりました
기다리고 있었습니다
(기다리던 손님이 왔을 때 반기면서 하는 인사말)

1. 예약한 ○○입니다. _____

2. 체크인 부탁합니다. _____

3. 체크아웃은 몇 시까지입니까? _____

4. 조식 포함으로 괜찮으시겠어요? _____

5. 1박 / 2박 / 3박 / 4박 _____

❀ 조식 메뉴

ゲストハウス京町の朝食

＊お時間は、8時から10時までです。

＊一品料理が5品と、焼き魚をお召し上がりいただけます。

＊ご飯とお味噌汁は、おかわり自由です。

＊お飲み物は、ソフトドリンク・コーヒー・紅茶・日本茶などをご用意しております。

---

1. 식사는 몇 시부터입니까?

2. 어떤 반찬을 먹을 수 있습니까?

3. 밥과 국은 얼마나 먹을 수 있습니까?

4. 음료는 무엇이 있습니까?

聞きましょう

🌸 들읍시다

🌸 호텔 프런트 🎧 03-01

	カン 姜さん	ハン 韓さん	チョ 趙さん	ソ 徐さん
1				
2				
3				
ц				

1. 어떤 객실에 숙박합니까?

> A 싱글 금연실　　B 트윈 금연실　　C 트윈 다다미방　　D 도미토리 6인실

2. 몇 박합니까?

> A 1박　　　　B 2박　　　　C 3박　　　　D 4박

3. 아침식사는 숙소에서 먹습니까?

> A 먹음　　　　　　　　B 먹지 않음

ц. 추가로 어떤 문의를 했습니까?

> A 조식 시간　　B 체크아웃 시간　　C 객실 교체　　D 편의점 장소

話しましょう

❀ **호텔에서** 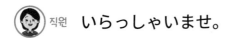 🎧 03-02

직원 いらっしゃいませ。

나 予約していたハンですが、チェックインお願いします。

직원 ハン様でございますね。こちらの用紙にご記入ください。

나 はい。

직원 Ⓐ 禁煙のシングルルームに２泊、朝食付きでよろしい

　　ですか。

　　Ⓑ 和室ダブルに１泊、朝食なし
　　Ⓒ 洋室ツインに３泊、朝食付き

나 Ⓐ はい。朝ごはんは何時からですか。

　　Ⓑ 近くにコンビニがありますか。
　　Ⓒ チェックアウトは何時までですか。

직원 Ⓐ ７時から９時までです。

　　Ⓑ 駅前にあります。
　　Ⓒ １０時までです。

나 わかりました。

직원 ありがとうございます。

やってみましょう

🌸 해봅시다

🌸 호텔에서

▶ 숙소에서 체크인을 합니다. 예약 내용을 확인한 후에 다음 A〜C 중에서 질문을 하나 골라 물어보세요.

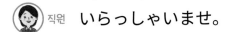

| A 조식 시간 | B 근처 편의점 | C 체크아웃 시간 |

（직원）いらっしゃいませ。

（나）予約していた〇〇ですが、チェックインお願いします。

（직원）〇〇様でございますね。こちらの用紙にご記入ください。

（나）はい。

（직원）禁煙のシングルルームに２泊、朝食付きでよろしいですか。

（나）[대답&질문] 〜〜〜〜〜〜〜〜〜〜〜〜〜〜〜〜〜〜

（직원）[대답]

（나）わかりました。

（직원）ありがとうございます。

숙소 직원에게 문의할 수 있다.

▶ 何を表しているでしょうか。

設備(アメニティ)

 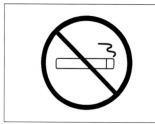 

  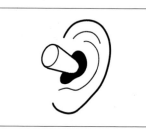

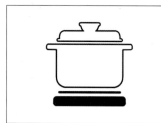  

❀ 주요 어구 익히기

インターネット 인터넷	ワイファイ(wi-fi) 와이파이	パスワード 패스워드, 비밀번호
接続 せつぞく 접속	クリーニングサービス 세탁 서비스	コインランドリー 셀프 빨래방
洗濯機 せんたく き 세탁기	乾燥機 かんそう き 건조기	料金表 りょうきんひょう 요금표
利用 り よう 이용	大浴場 だいよくじょう 대욕장	入浴 にゅうよく 입욕
本日中 ほんじつちゅう 오늘 중	荷物 に もつ 짐	預かる あず (물건 따위를 일시적으로) 맡다, 보관하다

1. 인터넷에 접속하고 싶은데요. _____

2. 대욕장은 지금 이용할 수 있습니까? _____

3. 셀프 빨래방이 있습니까? _____

4. 짐을 보관해 주시겠습니까? _____

5. 와이파이 비밀번호는 무엇입니까? _____

🌸 부대시설 안내

ゲストハウスみやこの付帯設備

* **＊インターネット**　　Wi-Fi

* **＊レンタカー**　　　　軽自動車・バイク

* **＊クーラー**　　　　　全室完備

* **＊洗濯機・冷蔵庫**　　共同

* **＊テレビ**　　　　　　各フロアにあり

* **＊駐車場**　　　　　　無料　※予約不要

* **＊バーベキュー**　　　屋上にて可能

1. 렌터카로 이용할 수 있는 것은 무엇입니까?

2. 에어컨은 있습니까?

3. TV는 어디에 있습니까?

4. 바비큐는 어디서 할 수 있습니까?

聞<ruby>き<rt>き</rt></ruby>きましょう

🌸 부대시설 문의 🎧 04-01

	 はしもと 橋本さん	やまざき 山崎さん	もり 森さん	あ べ 阿部さん
1				
2				

1. 무엇에 대해 물었습니까?

> **A** 짐 보관 **B** 대욕장 입욕 **C** 인터넷 접속 **D** 세탁 서비스

2. 원하는 일은 할 수 있습니까?

> **A** 할 수 있음 **B** 할 수 없음

話しましょう

はな

🌸 이야기합시다

🌸 호텔 프런트에서　🎧 04-02

 나　あの、すみません。

 직원　はい、お客様。
きゃくさま

 나　Ⓐ チェックアウト後に荷物を預かってもらいたいん
ご　　にもつ　あず

です**が。**

Ⓑ 大浴場は何時から入れますか。
だいよくじょう　なんじ　はい

Ⓒ コインランドリーはありますか。

 직원　Ⓐ 本日中でしたら、フロントでお預かりいたします。
ほんじつちゅう　　　　　　　　　　　　あず

Ⓑ 午後4時から12時までとなっております。
ご　ご　じ　　　　　じ

Ⓒ 洗濯機と乾燥機を設置しておりますので、ご利用ください。
せんたくき　かんそうき　せっち　　　　　　　　　　りよう

 나　Ⓐ 本日中ですね。ありがとうございます。
ほんじつちゅう

Ⓑ 午後4時から12時までですね。
ご　ご　じ　　　　　じ

Ⓒ 洗濯機と乾燥機があるんですね。
せんたくき　かんそうき

やってみましょう

해봅시다

🌸 호텔 프런트에서

▶ 숙소 직원에게 A~C 중 하나를 물어보세요.

| A 체크아웃 후의 짐 보관 가능 여부 | B 대욕장의 이용시간 | C 세탁실의 유무 |

나 　あの、すみません。

직원　はい、お客様_{きゃくさま}。

나 　[질문]

직원　A 本日中_{ほんじつちゅう}でしたら、フロントでお預_{あず}かりいたします。

B 午後_{ごご}4時_じから12時_じまでとなっております。

C 洗濯機_{せんたくき}と乾燥機_{かんそうき}を設置_{せっち}しておりますので、ご利用_{りよう}

ください。

나 　[확인]

ありがとうございます。

チャレンジ！

① 다음 말을 하고 싶을 때 일본어로 어떻게 표현하면 될까요?

① 실내 온도를 조금 내려 주시겠습니까?

② 룸키를 방에 두고 나와 버렸습니다.

③ 수건을 하나 더 받을 수 있을까요?

② 다음 말을 들었을 때 한국어로 어떻게 해석하면 될까요?

① 外出の際は、必ずフロントにキーをお預けください。

② お食事の際は、必ず食券をお持ちください。

③ パスポートのコピーをとらせていただいてもよろしいでしょうか。

③ 買い物
<ruby>買<rt>か</rt></ruby>い<ruby>物<rt>もの</rt></ruby>

쇼핑

🌐 Can-Do 5

편의점에서 쇼핑을 할 수 있다.

🌐 Can-Do 6

대형 점포에서 쇼핑을 할 수 있다.

Can-Do 5

편의점에서 쇼핑을 할 수 있다.

▶ コンビニで何を買いますか。

❀ 주요 어구 익히기

(お)はし 젓가락	スプーン 숟가락	クレジットカード 신용카드
ねんれいかくにん 年齢確認 연령 확인	ポイントカード 포인트 카드	み ぶんしょうめいしょ 身分証明書 신분증
こちらへどうぞ 이쪽으로 오세요	あたた 温めましょうか 데워 드릴까요?	ふくろ わ 袋をお分けしましょうか 다른 봉투에 담아 드릴까요?
トイレを借りてもいいですか か 화장실을 써도 됩니까?		もう一つください ひと 하나 더 주세요

1. 도시락은 데워 드릴까요? ⋯⋯⋯⋯⋯⋯⋯⋯⋯⋯⋯⋯⋯⋯⋯⋯⋯⋯⋯⋯

2. 숟가락을 하나 더 주세요. ⋯⋯⋯⋯⋯⋯⋯⋯⋯⋯⋯⋯⋯⋯⋯⋯⋯⋯⋯

3. 다른 봉투에 담아 드릴까요? ⋯⋯⋯⋯⋯⋯⋯⋯⋯⋯⋯⋯⋯⋯⋯⋯⋯⋯

4. 신용카드를 사용할 수 있습니까? ⋯⋯⋯⋯⋯⋯⋯⋯⋯⋯⋯⋯⋯⋯⋯

5. 화장실을 써도 됩니까? ⋯⋯⋯⋯⋯⋯⋯⋯⋯⋯⋯⋯⋯⋯⋯⋯⋯⋯⋯⋯

❀ 편의점 계산대

未成年者の飲酒・喫煙は法律で
禁じられています。
年齢確認できる身分証明書をご提示
いただく場合がございます。
20歳以上ですか？

はい

いらっしゃいませ

1. 이것은 무엇일까요?

2. 이 화면이 나오면 어떻게 해야 할까요?

3. 연령 확인을 위해 무엇을 제시해야 합니까?

聞<ruby>き</ruby>きましょう

🌸 **편의점에서** 🎧 05-01

	申さん シン	姜さん カン	徐さん ソ	尹さん ユン
1				
2				
3				

1. 무엇을 샀을까요?

> A 술　　　　B 삼각김밥　　　C 도시락　　　D 아이스크림

2. 가격은 얼마였나요?

> A 166엔　　　B 540엔　　　C 972엔　　　D 1,238엔

3. 점원에게 무엇에 대해 물었습니까?

> A 숟가락　　　B 역　　　C 화장실　　　D 해외카드 사용

話しましょう ❀ 이야기합시다

❀ 편의점에서 🎧 05-02

점원 いらっしゃいませ。こちらへどうぞ。
お弁当は温めますか。

나 Ⓐ はい。お願いします。

Ⓑ いいえ、結構です。

점원 すみませんが、年齢確認お願いします。

나 はい。

점원 ポイントカードはお持ちですか。

나 いいえ、ありません。

점원 失礼しました。全部で862円のお会計です。
ありがとうございました。

나 Ⓐ あの、トイレを借りてもいいですか。

Ⓑ あの、スプーンを二つもらえますか。

Ⓒ あの、ここから一番近い駅はどこですか。

やってみましょう

❀ 편의점에서

▶ 편의점에서 물건을 삽니다. 계산을 마친 뒤, 다음 A~C 중 하나를 물어보세요.

A 화장실을 사용해도 되는지　B 숟가락을 두 개 받을 수 있는지

C 여기서 제일 가까운 역이 어딘지

점원 　いらっしゃいませ。こちらへどうぞ。
お弁当は温めますか。

나　　[대답] ⁀⁀⁀⁀⁀⁀⁀⁀⁀⁀⁀⁀⁀⁀⁀⁀⁀⁀⁀⁀⁀⁀⁀⁀⁀⁀⁀

점원 　すみませんが、年齢確認お願いします。

나　　はい。

점원 　ポイントカードはお持ちですか。

나　　[대답] ⁀⁀⁀⁀⁀⁀⁀⁀⁀⁀⁀⁀⁀⁀⁀⁀⁀⁀⁀⁀⁀⁀⁀⁀⁀⁀⁀

점원 　はい、それでは全部で862円のお会計です。
ありがとうございました。

나　　[질문] ⁀⁀⁀⁀⁀⁀⁀⁀⁀⁀⁀⁀⁀⁀⁀⁀⁀⁀⁀⁀⁀⁀⁀⁀⁀⁀⁀

대형 점포에서 쇼핑을 할 수 있다.

▶ どんな店でしょうか。

| ディスカウントショップ | 大型スーパー
（おおがた） |

| 電気量販店
（でん き りょうはんてん） | ドラッグストア |

| デパート | 大型書店
（おおがたしょてん） |

❀ 주요 어구 익히기

う　ば **売り場** 매장	おんな **女もの / レディース** 여성용	ふ　じんふく **婦人服** 여성복
おとこ **男もの / メンズ** 남성용	しん　し　ふく **紳士服** 남성복	ぜん　ぶ **全部** 전부, 다
サイズ 사이즈	いろちが **色違い** 다른 색상	**はく** 신다, 입다 (하반신)
つける (시계, 액세서리 등을) 착용하다	し　ちゃく **試着する** 입어 보다	み **見せてください** 보여 주세요
ほか **他にも** 그 외에도	**ぴったりだ / ちょうどいい** 딱 맞다	たいへんもう　　　わけ **大変申し訳ございません** 대단히 죄송합니다

1. 입어 봐도 되나요? ....

2. 딱 맞습니다. ....

3. 남성복 매장은 몇 층에 있나요? ....

4. 그거 보여 주세요. ....

5. 다른 색깔은 없나요? ....

❀ 층별 안내

7F	スポーツ　　サービス
6F	本・CD　　携帯　　時計・メガネ　　文具　　カフェ
5F	メンズ　　シューズ
4F	バッグ　　化粧品　　雑貨　　カフェ
3F	レディース　　シューズ
2F	ギフト　　生活用品　　カフェ
1F	フード・スイーツ　　インフォメーション

1. 여성복은 몇 층에서 살 수 있나요?

2. 화장품은 몇 층에서 살 수 있나요?

3. 신발은 몇 층에서 살 수 있나요?

4. 선물 전문 매장은 몇 층에 있나요?

聞きましょう
<small>き</small>

🌸 들읍시다

🌸 백화점에서　🎧 06-01

	韓さん <small>ハン</small>	尹さん <small>ユン</small>	徐さん <small>ソ</small>	趙さん <small>チョ</small>
1				
2				
3				

1. 무엇을 찾습니까?

> A 시계　　　B 바지　　　C 신발　　　D 유카타

2. 매장은 몇 층에 있나요?

> A 3층　　　B 4층　　　C 5층　　　D 6층

3. 결국 샀나요? 안 샀나요?

> A 샀음　　　　　　　B 안 샀음

話しましょう

はな

🌸 이야기합시다

🌸 백화점에서　🎧 06-02

 나　すみません、Ⓐ 靴売り場はどこにありますか。
　　　　　　　　　　　くっ　う　ば

　　　Ⓑ 時計　　　Ⓒ 女ものの服
　　　　と けい　　　　おんな　　ふく

 안내원　3階にございます。
　　　　　　かい

 나　ありがとうございます。

　　　　　　　　　　……

 나　すみません、この Ⓐ 靴は、ここにあるのが全部ですか。
　　　　　　　　　　　　　くつ　　　　　　　　　　　ぜん ぶ

　　　Ⓑ 時計　　　　　Ⓒ シャツ
　　　　と けい

 점원　他にもございますよ。
　　　　　ほか

 나　じゃあ、これの Ⓐ 25はありますか。

　　　Ⓑ 色ちがい　　Ⓒ Lサイズ
　　　　いろ

 점원　少々お待ちください。
　　　　　しょうしょう　ま

　　　…… はい、Ⓐ こちらが25センチですね。

　　　Ⓑ こちらの色になりますね。
　　　　　　　　いろ

　　　Ⓒ こちらがLサイズですね。

 나　Ⓐ はいてみてもいいですか。

　　　Ⓑ つけてみても

　　　Ⓒ 試着しても
　　　　し ちゃく

 점원　どうぞ。

 나　ちょうどいいですね。これください。

やってみましょう

해봅시다

🌸 백화점에서

▶ 신발(시계 or 옷)을 사러 왔습니다. 매장 위치를 물어보고 매장에 간 다음에 원하는 사이즈
나 색상이 있는지 물어봅시다!

나 **すみません。** [질문] ～～～～～～～～～～～～～

안내원 **3 階^{かい}にございます。**

나 [대답] ～～～～～～～～～～～～～～～～～～

　　　　　　　　　　　…‥…

나 **すみません。この〇〇は、** [여기에 나와 있는 것이 전부인지 질문]
～～～～～～～～～～～～～～～～～～～～～～～～～～～

점원 **他^{ほか}にもございますよ。**

나 **じゃあ、** [원하는 사이즈나 색상을 전달] ～～～～～～～
～～～～～～～～～～～～～～～～～～～～～～～～～～～

점원 **少々^{しょうしょう}お待^まちください。…… はい、こちらですね。**

나 [신어(차 or 입어) 봐도 되는지 질문] ～～～～～～～～～

점원 **どうぞ。**

나 [소감&결정] ～～～～～～～～～～～～～

チャレンジ!

① 다음의 말은 일본어로 어떻게 표현할까요?

① 여기서 면세 받을 수 있습니까?

② 디즈니랜드 티켓은 여기서 살 수 있습니까?

③ 선물용으로 포장해 주세요.

② 다음 말은 한국어로 어떻게 해석할까요?

① 身分証お持ちですか。

② 買い物袋はお持ちですか。

③ 在庫を切らしております。

④ しょくじ
食事
식사

🌐 Can-Do 7

식당에 들어갈 수 있다.

🌐 Can-Do 8

음식점에서 주문할 수 있다.

식당에 들어갈 수 있다.

▶ ここでは何が食べられるでしょうか。

🌸 주요 어구 익히기

よやく 予約 예약	きんえんせき 禁煙席 금연석	きつえんせき 喫煙席 흡연석
テーブル 테이블	カウンター 카운터(석)	まどぎわ　せき 窓際の席 창가쪽 자리
ざしき 座敷 좌식 자리	まんせき 満席 만석	めいさま 〜名様 〜분 (손님 수)
えいぎょうじかん 営業時間 영업시간	ていきゅうび 定休日 정기 휴무일	けっこう 結構です 됐습니다, 괜찮습니다
あ 空いています 비어 있습니다	ねが 〜でお願いします 〜로 부탁합니다	ま お待ちください 기다려 주십시오

1. 예약하지 않았습니다. _____

2. 금연석으로 부탁합니다. _____

3. 창가 쪽 자리, 비어 있나요? _____

4. 몇 분이신가요? _____

5. 안내해 드리겠습니다. _____

❀ 식당 안내문

手打ち麺 あおやま
横浜店

学生割引

学生証提示で
3割引！！

営業時間
ランチ　　10:00~15:00
ディナー 17:00~21:00
(L.O 20:30)

定休日 第二・四 月曜日
個室・要事前予約

全席禁煙

1. 정기 휴무일은 언제입니까?

2. 이 가게에서 담배를 피울 수 있나요?

3. 어떨 때 예약이 필요합니까?

4. 영업은 몇 시까지인가요?

聞きましょう

❀ 레스토랑에서 🎧 07-01

	山崎さん	橋本さん	池田さん	石川さん
1				
2				
3				

1. 예약했습니까?

Ⓐ 했음	Ⓑ 하지 않았음

2. 몇 명이서 레스토랑에 왔습니까?

Ⓐ 1명	Ⓑ 2명	Ⓒ 3명	Ⓓ 4명

3. 어디에 앉기로 했습니까?

Ⓐ 금연석	Ⓑ 흡연석	Ⓒ 카운터석	Ⓓ 테이블석

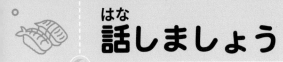

話しましょう

はな

🌸 이야기합시다

🌸 식당에서 🎧 07-02

점원 いらっしゃいませ。ご予約ですか。

나 いえ、予約はしていません。

점원 何名様でしょうか。

나 Ⓐ 二人です。
Ⓑ 五人です。あとで三人来ます。
Ⓒ 一人ですけど。

점원 お席は禁煙席と喫煙席がございますが。

나 じゃあ、Ⓐ 禁煙席でお願いします。
Ⓑ 喫煙席

점원 はい、それではご案内いたします。

…… こちらの席でよろしいでしょうか。

나 あ、すみません。Ⓐ 座敷は空いていませんか。
Ⓑ テーブル席
Ⓒ カウンター席

점원 申し訳ございません。座敷 (テーブル席 / カウンター席)は、
ただ今満席でございます。

나 じゃあ、ここで結構です。

やってみましょう

 식당에서

▶ 예약하지 않은 식당에 들어갑니다. 원하는 자리에 앉을 수 있는지 물어봅시다!

점원 　いらっしゃいませ。ご予約ですか。

나 　[대답] 〜〜〜〜〜〜〜〜〜〜〜〜〜〜〜〜〜〜〜〜

점원 　何名様でしょうか。

나 　[대답] 〜〜〜〜〜〜〜〜〜〜〜〜〜〜〜〜〜〜〜〜

점원 　お席は禁煙席と喫煙席がございますが。

나 　[대답] 〜〜〜〜〜〜〜〜〜〜〜〜〜〜〜〜〜〜〜〜

점원 　はい、それではご案内いたします。

　　　…… こちらの席でよろしいでしょうか。

나 　あ、すみません。[다른 자리를 요구] 〜〜〜〜〜〜〜

　　　〜〜〜〜〜〜〜〜〜〜〜〜〜〜〜〜〜〜〜〜〜〜〜

점원 　申し訳ございません。

　　　座敷(テーブル席 / カウンター席 / 窓際の席)は、ただ今

　　　満席でございます。

나 　[대답] 〜〜〜〜〜〜〜〜〜〜〜〜〜〜〜〜〜〜〜〜

Can-Do 8

음식점에서 주문할 수 있다.

▶ どんな食べ物でしょうか。

❀ 주요 어구 익히기

チーズバーガー 치즈버거	フライドポテト 감자튀김	チキンナゲット 치킨너겟
コーラ 콜라	ホット / アイスコーヒー 핫 / 아이스커피	シェイク 쉐이크
お冷（ひや） 냉수	おしぼり 물수건	持ち帰り（もちかえ） 테이크아웃
セット 세트	単品（たんぴん） 단품	S/M/Lサイズ（エス エム エル） S/M/L사이즈
おすすめ 추천	会計（かいけい） 요금 계산	こちらでお召し上がりですか（め あ） 매장에서 드시겠습니까?

1. 추천하는 음식이 있습니까? ....

2. 치즈버거 세트를 주세요. ....

3. 콜라를 라지 사이즈로 주세요. ....

4. 테이크아웃으로 부탁합니다. ....

5. 물 좀 주시겠어요? ....

❀ 메뉴판

メニュー

バリュー セット フライド ポテト⑤ + ドリンク⑤	① ハンバーガー ¥400(¥100)	② チーズバーガー ¥430(¥130)	③ フィレオフィッシュ ¥610(¥310)
	④ てりやきバーガー ¥610(¥310)	⑤ ダブル チーズバーガー ¥640(¥340)	⑥ ビッグマック ¥670(¥370)

サイド メニュー	フライドポテト ⑤ ¥170 ⓜ ¥220 ⓛ ¥260	チキンナゲット ¥220	サラダ ¥250

ドリンク	コールドドリンク ⑤¥170　ⓜ¥220　ⓛ¥260 コーラ ファンタオレンジ アイスティー アイスコーヒー	シェイク(バニラ、オレンジ) ⑤¥100　ⓜ¥200 ブレンドコーヒー ⑤¥100　ⓜ¥200

1. 치즈버거 세트는 얼마입니까?

2. 치킨너겟은 얼마입니까?

3. 감자튀김 스몰 사이즈는 얼마입니까?

4. 아이스커피 미디엄 사이즈는 얼마입니까?

聞きましょう き

🌸 패스트푸드점에서 🎧 08-01

	森さん もり	橋本さん はしもと	池田さん いけ だ	阿部さん あ べ
1				
2				
3				

1. 먹을 것은 무엇을 주문했습니까?

> A 햄버거   B 치즈버거   C 치킨너겟   D 없음

2. 마실 것은 무엇을 주문했습니까?

> A 콜라   B 쉐이크   C 커피   D 없음

3. 주문한 것은 모두 얼마입니까?

> A 100엔   B 200엔   C 400엔   D 640엔

Can-Do 8   65

話しましょう
はな

🌸 패스트푸드점에서 🎧 08-02

 점원 いらっしゃいませ。こんにちは。

 나 Ⓐ ハンバーガーセットをください。

Ⓑ チーズバーガーセット

Ⓒ てりやきバーガーセット

 점원 Ⓐ ハンバーガーセットですね。お飲み物は何になさいますか。
の　もの　なに

Ⓑ チーズバーガーセット

Ⓒ てりやきバーガーセット

 나 Ⓐ コーラでお願いします。
ねが

Ⓑ アイスティー

Ⓒ ホットコーヒー

 점원 かしこまりました。ご注文は以上でよろしいでしょうか。
ちゅうもん　い じょう

 나 はい。

 점원 こちらでお召し上がりですか。それともお持ち帰りですか。
め　あ　　　　　　　　　　　　も　かえ

 나 Ⓐ 食べて行きます。
た　い

Ⓑ 持ち帰りです。
も　かえ

 점원 Ⓐ ハンバーガーセットお一つで、お会計 ⓐ 400円になり
ひと　　　　　かいけい　　　　　えん

ます。

Ⓑ チーズバーガーセット　　　　　　ⓑ 430円
えん

Ⓒ てりやきバーガーセット　　　　　ⓒ 610円
えん

🌸 식당에서　🎧 08-03

お食事		お飲み物	
うどん定食	590円	ビール	300円
てんぷら定食	780円	コーラ	200円
やきにく定食	680円	オレンジジュース	200円
とんかつ定食	630円	サイダー	200円
からあげ定食	600円		
カレーライス	450円		
オムライス	530円	◎水曜日は定食50円引き	

점원　ご注文はお決まりですか。

나　あの、おすすめの料理はありますか。

점원　本日は定食が５０円引きとなっております。

나　じゃあ、Ⓐ うどん定食をください。

　　Ⓑ 焼肉定食　　Ⓒ からあげ定食

점원　お飲み物はいかがなさいますか。

나　Ⓐ オレンジジュースお願いします。

　　Ⓑ ビールください。　　Ⓒ いえ、結構です。

점원　では、Ⓐ うどん定食とオレンジシュースですね。

かしこまりました。

　　Ⓑ 焼肉定食とビール　　Ⓒ からあげ定食

나　すみません。Ⓐ おしぼりもらえますか。

　　Ⓑ お冷　　Ⓒ 温かいお茶

점원　はい、すぐにお持ちします。

やってみましょう

❀ 패스트푸드점에서

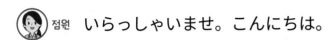

점원　いらっしゃいませ。こんにちは。

나　[세트로 주문] ～～～～～～～～～～～～～～～～

점원　[주문 내용] ですね。お飲み物は何になさいますか。

나　[대답] ～～～～～～～～～～～～～～～～～

점원　かしこまりました。ご注文は以上でよろしいでしょうか。

나　[대답] ～～～～～～～～～～～～～～～～～

점원　こちらでお召し上がりですか。それともお持ち帰りですか。

나　[대답] ～～～～～～～～～～～～～～～～～

점원　[주문 내용] で、お会計 [요금] になります。

🌸 식당에서

▶ 메뉴판을 보면서 음식을 주문한 후, 다음 A~C 중 하나를 부탁해 봅시다!

A 물수건　B 냉수　C 따뜻한 차

お食事		お飲み物	
うどん定食	590円	ビール	300円
てんぷら定食	780円	コーラ	200円
やきにく定食	680円	オレンジジュース	200円
とんかつ定食	630円	サイダー	200円
からあげ定食	600円		
カレーライス	450円		
オムライス	530円	◎水曜日は定食50円引き	

직원　ご注文はお決まりですか。

나　あの、おすすめの料理はありますか。

직원　本日は定食が５０円引きとなっております。

나　[주문] 〰〰〰〰〰

직원　お飲み物はいかがなさいますか。

나　[대답] 〰〰〰〰〰

직원　では、[주문 내용]ですね。かしこまりました。

나　[부탁] 〰〰〰〰〰

직원　はい、すぐにお持ちします。

チャレンジ！

① 다음 말을 일본어로 어떻게 표현하면 될까요?

① 쿠폰 쓸 수 있어요?

② 밥 더 주시겠어요?

③ 계산해 주세요.

② 다음 문장은 한국어로 어떻게 해석하면 될까요?

① 取り皿、お持ちしましょうか。

② そろそろラストオーダーになりますが。

③ コーヒーのお客様。

5 交流
こうりゅう

교류

⊕ Can-Do 9

여행 중에 만난 사람과 대화를 나눌 수 있다.

⊕ Can-Do 10

여행 중에 만난 사람과 연락처를 교환할 수 있다.

Can-Do 9

여행 중에 만난 사람과 대화를 나눌 수 있다.

▶ どんなイベントに参加_{さんか}してみたいですか。

[게스트하우스에서]

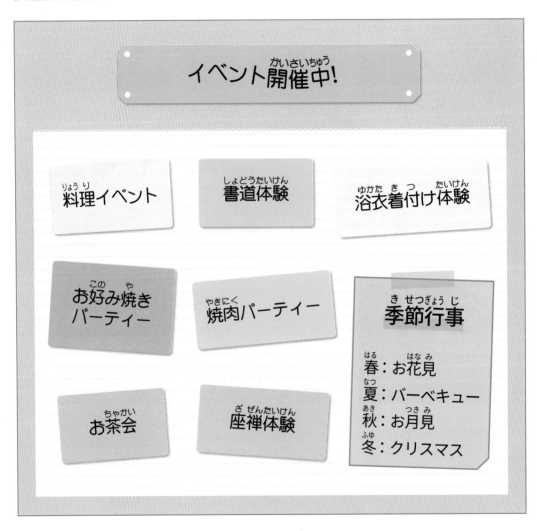

❀ 주요 어구 익히기

交流 こうりゅう 교류	旅行 りょこう 여행	イベント / 行事 ぎょう じ 이벤트 / 행사
開催 かいさい 개최	歓迎 かんげい 환영	独学 どくがく 독학
留学 りゅうがく 유학	祭り まつ 축제	集まる あつ 모이다
覚える おぼ 외우다	自然に し ぜん 자연스럽게, 저절로	～と申します もう ～(라)고 합니다
日本語お上手ですね に ほん ご　じょう ず 일본어 잘하시네요	まだまだです 아직 멀었습니다	～に教えてもらう おし ～이/가 (나에게) 가르쳐 주다

1. 독학으로 공부했어요. ....

2. 저절로 외워졌습니다. ....

3. 누나(언니)가 (나에게) 가르쳐 줬어요. ....

4. A : 일본어 잘하시네요. ....

    B : 아직 멀었습니다. ....

❀ 이벤트 안내

<ruby>日韓交流<rt>にっかんこうりゅう</rt></ruby>イベントのご<ruby>案内<rt>あんない</rt></ruby>

アンニョンハセヨ！

<ruby>新大久保<rt>しんおおくぼ</rt></ruby>のソウルカフェで、<ruby>毎週水曜日午後<rt>まいしゅうすいようびごご</rt></ruby>２<ruby>時<rt>じ</rt></ruby>より

「<ruby>日韓交流<rt>にっかんこうりゅう</rt></ruby>モイム」を<ruby>開催中<rt>かいさいちゅう</rt></ruby>！

<ruby>韓国語<rt>かんこくご</rt></ruby>を<ruby>話<rt>はな</rt></ruby>したい<ruby>日本人<rt>にほんじん</rt></ruby>、<ruby>日本語<rt>にほんご</rt></ruby>を<ruby>話<rt>はな</rt></ruby>したい<ruby>韓国人集<rt>かんこくじんあつ</rt></ruby>まれ！

<ruby>韓国人観光客<rt>かんこくじんかんこうきゃく</rt></ruby>も<ruby>大歓迎<rt>だいかんげい</rt></ruby>！

<ruby>会費<rt>かいひ</rt></ruby>　<ruby>日本<rt>にほん</rt></ruby>の<ruby>方<rt>かた</rt></ruby> 1,000<ruby>円<rt>えん</rt></ruby> / <ruby>韓国<rt>かんこく</rt></ruby>の<ruby>方<rt>かた</rt></ruby> 500<ruby>円<rt>えん</rt></ruby>

プログラム
・レベル<ruby>分<rt>わ</rt></ruby>け
・<ruby>自己紹介<rt>じこしょうかい</rt></ruby>
・<ruby>日本語<rt>にほんご</rt></ruby>タイム
・<ruby>韓国語<rt>かんこくご</rt></ruby>タイム

<ruby>日本語<rt>にほんご</rt></ruby>できない<ruby>人<rt>ひと</rt></ruby>も
<ruby>大歓迎<rt>だいかんげい</rt></ruby>！！

1. 이것은 무슨 안내문입니까?

2. 어디서 합니까?

3. 관광객은 참여할 수 있나요?

4. 일본어를 못하는 사람은 참가할 수 있습니까?

聞(き)きましょう

들읍시다

첫 대면에서

09-01

	 尹(ユン)さん	 申(シン)さん	 趙(チョ)さん	 徐(ソ)さん
1				
2				
3				

1. 무엇을 하러 왔습니까?

A 놀러　B 일하러　C 친구를 만나러　D 일본 음식을 먹으러

2. 일본에 온 것은 몇 번째입니까?

A 첫 번째　B 두 번째　C 세 번째　D 20번 정도

3. 무엇을(누구를) 통해 일본어를 공부했나요?

A 누나　B 일본인　C 대학 수업　D 애니메이션

話<ruby>はな<rt></rt></ruby>しましょう

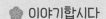 이야기합시다

❀ 첫 대면 🎧 09-02

 여행자　あの、どちらからいらしたんですか？

 나　Ⓐ 韓国の釜山です。

　　Ⓑ 韓国から来ました。

　　Ⓒ ソウルから来ました。

여행자　あ、韓国の方ですね。ご旅行ですか。

나　Ⓐ はい、遊びに来ました。

　　Ⓑ はい、日本の祭りを見に来ました。

　　Ⓒ はい、友達に会いに来ました。

여행자　日本は初めてですか。

나　Ⓐ はい、初めてです。

　　Ⓑ いいえ、2回目です。

　　Ⓒ いいえ、もう何度も来ています。

여행자　日本語、お上手ですね。

나　いえ、まだまだです。

여행자　どうやって勉強なさったんですか。

나　Ⓐ 高校と大学で少し勉強しました。

　　Ⓑ 独学です。本を買って勉強しました。

　　Ⓒ アニメが好きで、見てたら自然に覚えました。

やってみましょう

🌸 첫 대면

여행자 あの、どちらからいらしたんですか？

나 [대답] ～～～～～～～～～～～～～～～～～～～～

여행자 あ、韓国の方ですね。ご旅行ですか。

나 はい、[여행 목적을 전달] ～～～～～～～～～～～～～

or いえ、[일본에 온 목적 전달] ～～～～～～～～～

여행자 日本は初めてですか。

나 [대답] ～～～～～～～～～～～～～～～～～～～～

여행자 日本語、お上手ですね。

나 [겸손하게 대답] ～～～～～～～～～～～～～～～～

여행자 どうやって勉強なさったんですか。

나 [대답] ～～～～～～～～～～～～～～～～～～～～

여행 중에 만난 사람과 연락처를 교환할 수 있다.

▶ どれを使ったことがありますか。

ライン	カカオトーク	フェイスブック	ツイッター
インスタグラム	スカイプ	ズーム	ジーメール
アウトルック	ヤフーメール	ネイバーメール	ダウムメール

❀ 주요 어구 익히기

れんらくさき 連絡先 연락처	こうかん 交換 교환	メールアドレス 이메일 주소
かんていしょく 韓定食 한정식	でんとう い しょう 伝統衣装 전통의상	にゅうじょうりょう 入場料 입장료
と 泊まる 숙박하다, 묵다	しら 調べる 알아보다, 조사하다	つ い 連れて行く 데려가다
きょう み 興味がわく 관심이 생기다	ぶらぶらする 돌아다니다, 걸어 다니다	ざんねん 残念だ 아쉽다
じつ 実は 실은, 사실은	たの 楽しみにしています 기대하고 있겠습니다	き ぜひ来てください 꼭 오세요

1. 꼭 오세요. _____

2. 연락처 교환할까요? _____

3. 아쉽네요. _____

4. 우리 집에서 묵어도 됩니다. _____

5. 한정식집에 데려갈게요. _____

❋ SNS 메시지

もう飛行機に乗りましたか。

今回、カンさんに会えて本当にうれしかったです。

おかげで韓国語に興味がわいてきました。

わからないことがあったら、聞くかもしれないけど
いいかなあ？（笑）

日本語でわからないことがあったら、何でも聞いて
くださいね。

でも私にわかるかな？（汗）

じゃあ、また会える日を楽しみにしています。

その時は韓国語で話しましょう。（爆）

---

1. 이 사람은 왜 이 메시지를 보냈습니까?

2. 메시지를 보낸 사람은 한국어를 할 수 있습니까?

3. (笑), (汗), (爆)는 무슨 의미일까요?

聞きましょう
<ruby>き<rt></rt></ruby>

❀ 들읍시다

❀ 연락처 교환　🎧 10-01

	姜さん カン	韓さん ハン	申さん シン	尹さん ユン
1				
2				
3				

1. 언제 한국으로 돌아가나요?

> Ⓐ 오늘　　Ⓑ 내일 아침　　Ⓒ 내일 오후　　Ⓓ 미정

2. 어떤 연락 수단을 교환했습니까?

> Ⓐ 라인　　Ⓑ 카카오톡　　Ⓒ 페이스북　　Ⓓ 이메일

3. 일본인 친구가 한국에 오면 어디로 데리고 갈 생각입니까?

> Ⓐ 자택　　Ⓑ 한복체험관　　Ⓒ 돼지국밥집　　Ⓓ 한정식 식당

話しましょう _{はな}

🌸 친구와 대화 🎧 10-02

일본인 친구: 今日_{きょう}はどこに行_いったんですか。

나:
Ⓐ 大阪城_{おおさかじょう}に行_いきました。思_{おも}ったより大_{おお}きかったです。
Ⓑ 東京_{とうきょう}タワーに登_{のぼ}りました。入場料_{にゅうじょうりょう}が結構高_{けっこうたか}いですね。
Ⓒ 天神_{てんじん}を歩_{ある}きました。ぶらぶらするだけでも面白_{おもしろ}いですね。

일본인 친구: そうでしたか。で、明日_{あした}の予定_{よてい}は？

나: 実_{じつ}は、明日_{あした}の午後_{ごご}、韓国_{かんこく}に帰_{かえ}るんですよ。

일본인 친구: あ、そうなんですね。

나: あの、もしよかったら、連絡先教_{れんらくさきおし}えてくれませんか。

일본인 친구: いいですよ。

나:
Ⓐ カカオトークやってますか。
Ⓑ ライン　　Ⓒ インスタグラム

일본인 친구: はい、やってますよ。

······ 연락처 교환 ······

일본인 친구: 韓国_{かんこく}にも行_いってみたいなあ。

나:
ぜひ来_きてください。Ⓐ 私_{わたし}がいろいろ案内_{あんない}しますんで。
Ⓑ 私_{わたし}の家_{いえ}に泊_とまってもいいですよ。
Ⓒ おいしいお店_{みせ}に連_つれて行_いきますから。

일본인 친구: 本当_{ほんとう}ですか。じゃあ、次_{つぎ}の休_{やす}みに行_いこうかな。

やってみましょう

🌸 친구와 대화

▶ 여행 중에 만난 일본인 친구와 헤어집니다. 연락처를 교환하고 그 친구가 한국에 오면 무엇을 해줄 것인지 말해 봅시다!

일본인 친구 今日はどこに行ったんですか。

나 [대답&한마디]

일본인 친구 そうでしたか。で、明日の予定は？

나 実は、明日の午後、韓国に帰るんですよ。

일본인 친구 あ、そうなんですね。

나 あの、もしよかったら、連絡先教えてくれませんか。

일본인 친구 いいですよ。

나 じゃあ、[SNS 연락 수단 물어보기]

일본인 친구 はい、やってますよ。

······ 연락처 교환 ······

일본인 친구 韓国にも行ってみたいなあ。

나 ぜひ来てください。[상대를 기대하게 만드는 한마디]

일본인 친구 本当ですか。じゃあ、次の休みに行こうかな。

① 다음 말을 하고 싶을 때 일본어로 어떻게 표현하면 될까요?

　① 다른 지역에는 몇 번 가 봤습니다.

　② 같이 계정을 만들어 볼까요?

　③ 신세를 많이 졌습니다.

② 다음 말을 들었을 때 한국어로 어떻게 해석하면 될까요?

　① ペラペラじゃないですか。

　② よろしくお伝えください。

　③ 体に気をつけてください。

6 けいかく 計画
계획

🌐 Can-Do 11

여행 내용에 대해 물어볼 수 있다.

🌐 Can-Do 12

숙소에 대한 희망을 물어볼 수 있다.

여행 내용에 대해 물어볼 수 있다.

▶ どんな理由で外国へ行きますか。

観光

出張

留学 / 語学研修

ショッピング

コンサート

グルメツアー

レジャー

リゾート

自分探し

🌸 **주요 어구 익히기**

どうりょう **同僚** 동료	にってい **日程** 일정	き かん **期間** 기간
とうちゃく **到着** 도착	しょうどう が **衝動買い** 충동구매	おや **親** 부모
てら **寺** 절	ひま **暇だ** 한가하다	あんない **案内する** 안내하다
お **終わる** 끝나다, 마치다	まか **任せる** (일을) 맡기다	まち **街をブラブラする** 시내를 돌아다니다
あそ い **遊びに行く** 놀러 가다	し ごと い **仕事で行く** 일 때문에 가다	むか い **迎えに行く** 데리러 가다, 마중 나가다

1. 한국에 놀러 갑니다. _____

2. 한가하니까 안내할게요. _____

3. 시내를 돌아다니고 싶어요. _____

4. 나에게 맡겨 주세요. _____

5. 공항까지 데리러 갈게요. _____

<ruby>読<rt>よ</rt></ruby>みましょう

✿ SNS 대화

みっちゃん

久しぶり〜。元気〜？
こっちはだいぶあったかくなってきたよ〜。そっちはどう？
じつは来週、韓国に行くことになったよ！ネット見てたら、
安いチケットがあったから衝動買いしちゃった（笑）。
とりあえずおいしいもの食べて、あとは韓国の街をブラブラ
したいな〜と思ってます。
来週末、時間あるかな？
韓国に知ってる人ほかにいないし。。。

え!?本当？ぜったい案内するよー。心配しないで！
ごめん、でも今バイト中だから、後でメッセージ送るね。
あ、めんどいからバイト終わりに電話しちゃうかも（笑）。

1. みっちゃん이 어떻게 한국에 오게 됐습니까?

2. みっちゃん은 한국에서 무엇을 하고 싶다고 합니까?

3. みっちゃん은 한국에 아는 사람이 몇 명 있습니까?

4. '나'는 나중에 무엇을 한다고 했나요?

<ruby>聞<rt>き</rt></ruby>きましょう

🌸 **한국에 오는 친구와의 통화** 🎧 11-01

	<ruby>石川<rt>いしかわ</rt></ruby>さん	<ruby>森<rt>もり</rt></ruby>さん	<ruby>橋本<rt>はしもと</rt></ruby>さん	<ruby>山崎<rt>やまざき</rt></ruby>さん
1				
2				
3				

1. 한국에 오는 목적은 무엇입니까?

A 관광	B 콘서트	C 어학연수	D 비즈니스

2. 누구와 같이 옵니까?

A 혼자	B 동료	C 친구	D 부모님

3. 한국에 얼마나 머무릅니까?

A 1박 2일	B 2박 3일	C 3박 4일	D 한 달

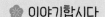
 통화하기 🎧 11-02

 나 もしもし、今電話大丈夫？

친구 うん、いいよ〜。

 나 Ⓐ 旅行で来るんだよね？

Ⓑ 仕事で来るんだっけ？

Ⓒ コンサート見に来るって言ってたよね？

친구 うん。時間があったらいろいろ案内してもらおうと思って。

 나 Ⓐ 一人で来るの？

Ⓑ 他に誰かいるの？

Ⓒ 誰かと一緒に来るの？

친구 一人だよ。

나 Ⓐ 何泊するの？

Ⓑ 期間はどのくらい？

Ⓒ 何日くらいいるの？

친구 ２泊３日だよ。

나 いつの飛行機？

친구 金曜の５時到着の飛行機だよ。

 나 金曜の５時か……。

Ⓐ 空港まで迎えに行くよ。ちょうど時間あるし。

Ⓑ 空港まで迎えに行きたいけど、その日はバイトがあって。

Ⓒ バイト終わったらすぐ迎えに行くよ。

やってみましょう

🌸 **통화하기**

▶ 일본인 친구가 한국에 놀러 옵니다. 질문 A~C를 자연스럽게 물어보고, 공항까지 마중 나갈 수 있을지 없을지 말해 보세요.

> **A** 여행 목적 재확인   **B** 동행자의 유무   **C** 여행 기간

나 もしもし、今電話大丈夫？

친구 うん、いいよ〜。

나 [질문A]

친구 うん。時間があったらいろいろ案内してもらおうと思って。

나 [질문B]

친구 一人だよ。

나 [질문C]

친구 2泊3日だよ。

나 いつの飛行機？

친구 金曜の5時到着の飛行機だよ。迎えに来てくれる？

나 金曜の5時か…。[대답]

숙소에 대한 희망을 물어볼 수 있다.

▶ 日本から来る友達にどんな宿を勧めますか。

ビジネスホテル

モーテル

ゲストハウス

五つ星ホテル

チムジルバン

自宅

🌸 주요 어구 익히기

宿 숙소	予算 예산	〜代 〜비, 〜값
高級ホテル 고급 호텔	ドミトリー 도미토리	個室 개인실
(お)風呂 목욕, 욕실	健康ランド 건강 랜드 (대형 목욕 시설)	共同 공동
〜付き 〜이/가 달려 있음	平日 평일	節約 절약
泊まる 숙박하다	払う 지불하다, (요금을)내다	ほぼ同じ 거의 같다

1. 예산은 얼마 정도예요? ....

2. 어떤 곳에 숙박하고 싶어요? ....

3. 도미토리라도 괜찮아? ....

4. 여기는 화장실이 공동입니다. ....

5. 욕실도 달려 있어요. ....

<ruby>聞<rt>き</rt></ruby>きましょう

들읍시다

🌸 숙소 문의　🎧 12-01

	石川さん	森さん	橋本さん	山崎さん
1				
2				
3				

1. 숙소 예산은 얼마 정도입니까?

Ⓐ 1,500엔	Ⓑ 5,000엔	Ⓒ 10,000엔	Ⓓ 정하지 않았음

2. 제안이 마음에 들지 않았던 이유는 무엇인가요?

Ⓐ 왠지	Ⓑ 싸서	Ⓒ 비싸서	Ⓓ 화장실이 공동이라서

3. 최종적으로 숙소는 어디로 정했습니까?

Ⓐ 모텔	Ⓑ 찜질방	Ⓒ 5성급 호텔	Ⓓ 게스트하우스

❀ **숙소 문의**

▶ 숙소 설명을 해 보세요.

예시 비즈니스 호텔 ビジネスホテル

> 日本のビジネスホテルとほぼ同じです。朝食付きの所が多いです。値段は１万円くらいだと思います。

1) 모텔 モーテル

2) 게스트하우스 ゲストハウス

3) 찜질방 チムジルバン

4) _____

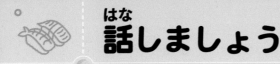

話しましょう

🌸 숙소 소개 🎧 12-02

（나） どんなところに泊まりたいの？

（친구） うーん、Ⓐ 普通のところがいいな。

Ⓑ 安い　　Ⓒ 高くてもちゃんとした

（나） じゃあ、Ⓐ ビジネスホテルはどう？

Ⓑ ゲストハウス　　Ⓒ ABCホテル

（친구） どんなところ？

（나） Ⓐ 日本のビジネスホテルとほぼ同じだよ。

1万円くらいするかな。

Ⓑ 部屋はもちろん、トイレとシャワーも共同で、2,000円くらいかな。

Ⓒ プール付きの高級ホテルだよ。2万円以上はすると思うけど。

（친구） うーん、もうちょっと安いところはない？

（나） Ⓐ じゃあ、モーテルにする？ 安いけど最近はきれいでちゃんと

したところが多いからね。5,000円くらいだよ。

Ⓑ じゃあ、チムジルバンにする？ 日本の健康ランドみたいなところなんだけ
ど、1,200円で寝られるよ。個室はないけどね。

Ⓒ じゃあ、ビジネスホテルにする？ 日本のビジネホテルとほとんど同じだよ。
7,000円から1万円くらいかな。

（친구） じゃあ、それにするよ。予約お願いします！

96　계획

やってみましょう

해봅시다

숙소 소개

▶ 한국에 놀러 올 친구를 대신해 숙소 예약을 하기 위해 친구의 희망을 파악하려고 합니다.
친구의 상황(A~C)에 맞게 숙소를 제안해 보세요.

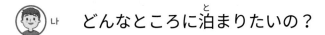

A 무난한 숙소가 좋다　B 저렴한 숙소가 좋다　C 조금 비싼 숙소라도 괜찮다

나　どんなところに泊まりたいの？

친구　A 普通のところがいいな。
B 安いところがいいな。
C ちょっと高いところでもいいよ。

나　[제안] ～～～～～～～～～～～～～～～～～～～～～～～

친구　どんなところ？

나　[대답] ～～～～～～～～～～～～～～～～～～～～～～～

친구　うーん、もうちょっと安いところはない？

나　[제안&설명] ～～～～～～～～～～～～～～～～～～～～

친구　じゃあ、それにするよ。予約お願いします！

チャレンジ!

① 다음 말을 일본어로 어떻게 표현하면 될까요?

① 더우니까 반팔이라도 괜찮아요.

② 대신에 예약할게요.

③ 한국의 호텔에는 칫솔이 없어요.

② 다음 문장은 한국어로 어떻게 해석하면 될까요?

① 現金はどれくらい持っていったらいい？

② 交通の便がいいところがいいな。

③ チムジルバンって布団や枕くらいはあるの？

⑦ 交通
こうつう

교통

🌐 **Can-Do 13**

공항에서 숙소까지 교통 안내를 할 수 있다.

🌐 **Can-Do 14**

시내 관광을 위한 교통 안내를 할 수 있다.

공항에서 숙소까지 교통 안내를 할 수 있다.

▶ 空港からの交通手段はどのような乗り物がありますか。

リムジンバス

空港鉄道

地下鉄

市内バス

マウルバス

タクシー

単語・表現

たん ご　ひょうげん

🌸 단어·표현

🌸 주요 어구 익히기

空港(くうこう) 공항	乗(の)り場(ば) 버스 정류장	交通(こうつう)カード 교통카드
〜札(さつ) 〜(원)권, 〜짜리 지폐	街(まち)の様子(ようす) 시가지 모습	途中(とちゅう)で 도중에, 중간에
着(つ)く 도착하다	向(む)かう 향하다, 향해 가다	乗(の)り換(か)える / 乗(の)り換(か)え 갈아타다 / 환승
道(みち)が込(こ)む 길이 막히다	のんびり 느긋하게	何(なに)に乗(の)ったらいいですか 무엇을 타면 됩니까?

1. 공항에 도착했습니다. ....

2. 교통카드를 가지고 있습니다. ....

3. 중간에 갈아타야 합니다. ....

4 길이 막힐지도 모르겠습니다. ....

5. 만 원짜리 지폐는 사용할 수 없습니다. ....

<ruby>聞<rt>き</rt></ruby>きましょう

🌸 교통편 문의 🎧 13-01

	<ruby>石川<rt>いしかわ</rt></ruby>さん	<ruby>森<rt>もり</rt></ruby>さん	<ruby>橋本<rt>はしもと</rt></ruby>さん	<ruby>山崎<rt>やまざき</rt></ruby>さん
1				
2				
3				

1. 무엇을 타고 갑니까?

> A 택시 　　 B 전철 　　 C 시내버스 　　 D 리무진버스

2. 요금은 얼마 정도입니까?

> A 1,300원 　　 B 3,000원 　　 C 7,000원 　　 D 20,000원

3. 시간은 얼마나 걸립니까?

> A 약 20분 　　 B 약 40분 　　 C 4~50분 　　 D 약 1시간

<ruby>説明<rt>せつめい</rt></ruby>しましょう

❀ 설명합시다

❀ 교통편 문의

▶ 교통편 설명을 해 보세요.

예시 택시   ホテルまで20<ruby>分<rt>ぷん</rt></ruby>くらいです。<ruby>料金<rt>りょうきん</rt></ruby>は2<ruby>万<rt>まん</rt></ruby>ウォンくらいかかります。
<ruby>少<rt>すこ</rt></ruby>し<ruby>高<rt>たか</rt></ruby>いですが、<ruby>一番早<rt>いちばんはや</rt></ruby>く<ruby>行<rt>い</rt></ruby>けて<ruby>便利<rt>べんり</rt></ruby>です。

	<ruby>所要時間<rt>しょようじかん</rt></ruby>	<ruby>料金<rt>りょうきん</rt></ruby>
*タクシー	20<ruby>分<rt>ぷん</rt></ruby>	2<ruby>万<rt>まん</rt></ruby>ウォン
*リムジンバス	30<ruby>分<rt>ぷん</rt></ruby>	7,000ウォン
*<ruby>市内<rt>しない</rt></ruby>バス	1<ruby>時間<rt>じかん</rt></ruby>	1,300ウォン
*<ruby>電車<rt>でんしゃ</rt></ruby>（<ruby>地下鉄<rt>ちかてつ</rt></ruby>に<ruby>乗<rt>の</rt></ruby>り<ruby>換<rt>か</rt></ruby>える）	50<ruby>分<rt>ぷん</rt></ruby>	3,000ウォン

<ruby>空港<rt>くうこう</rt></ruby> ——————→ ホテル

1) 리무진버스

2) 시내버스

3) 전철

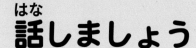
🌸 교통편 🎧 13-02

친구 今、空港だけど、ホテルまでどう行ったらいい？

나 いろいろあるけど。

친구 Ⓐ 早く行けるのは何？
Ⓑ 安く行ける
Ⓒ 便利な

나 Ⓐ タクシーかな。ちょっと高いけど、楽だよ。
Ⓑ 電車かな。でも途中で乗り換えがあるよ。
Ⓒ リムジンバスかな。ちょっと道が込むかもしれないけど。

친구 Ⓐ タクシーかあ、いくらぐらいするの？
Ⓑ 電車
Ⓒ リムジンバス

나 だいたい Ⓐ 2万ウォンぐらい。
Ⓑ 3,000
Ⓒ 7,000

직원 どのくらいかかるかな。

나 Ⓐ 早ければ20分ぐらいだと思うよ。
Ⓑ 4、50分
Ⓒ 今の時間なら30分

やってみましょう

❀ 교통편

▶ 공항에 도착한 일본인 친구가 전화로 나에게 호텔까지 어떻게 가는지 물어봅니다. 친구의
요구(A~C)에 맞는 교통수단 및 소요 시간과 요금에 대해 말해 봅시다.

> A 빨리 갈 수 있는 것　B 싸게 갈 수 있는 것　C 편리한 것

친구　今、空港だけど、ホテルまでどう行ったらいい？

나　いろいろあるけど。

친구　A 早く行けるのは何？
　　　B 安く行けるのは何？
　　　C 便利なのは何？

나　[대답]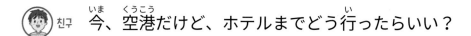

친구　いくらぐらいするの？

나　[대답]

친구　どのくらいかかるかな。

나　[대답]

시내 관광을 위한 교통 안내를 할 수 있다.

▶ 市内観光をする時、どんな交通手段を利用しますか。

シティツアーバス

地下鉄

市内バス（一般）

市内バス（急行）

観光タクシー

徒歩

❀ 주요 어구 익히기

ろせん 路線 노선	いちにちじょうしゃけん 一日乗車券 일일 자유 승차권	の ほうだい 乗り放題 무제한 탑승
てい バス停 버스 정류장	きっぷ 切符 차표, 승차권	えきまえ 駅前 역 앞
かくやす 格安 가격이 특별히 쌈	あちこち 이리저리	み まわ 見て回る 둘러보다, 구경하다
しら 調べる 알아보다, 조사하다	せつやく 節約する 절약하다	さが 探す 찾다

1. 모든 노선을 무제한으로 탈 수 있습니다. ....

2. 무료로 갈아탈 수 있어서 특별히 쌉니다. ....

3. 시내를 이리저리 둘러보고 싶어. ....

4. 잘 모르니까 알아 놓겠어요. ....

5. 교통비를 절약할 수 있어요. ....

❀ SNS 대화

ごめん、明日はバイトがあって、一緒に行けないんだ。

いいよ、一人で観光するから。
観光バスとかある？

シティーツアーバスがあるみたいだよ。

あ、それにしよう。ガイドさんとかもいるんでしょう？

いや、いくつかコースがあって勝手に回るタイプ。
市内の有名な観光地は全部それで回れるよ。

いくらくらい？

ん～、あとで調べて送るね。

あ、どこから乗るの。

ん～、ごめん。乗り場も調べとくね～。

サンキュー！

1. 왜 혼자 관광을 하나요?

2. 시티투어버스에는 관광가이드가 몇 명 동행합니까?

3. 시티투어버스를 타면 어디에 갈 수 있나요?

4. 시티투어버스의 요금은 얼마입니까?

聞^ききましょう

🌸 관광 교통편 문의　🎧 14-01

	石川さん いしかわ	森さん もり	橋本さん はしもと	山崎さん やまざき
1				
2				
3				
4				

1. 무엇을 타고 관광합니까?

> Ⓐ 지하철　　Ⓑ 시내버스　　Ⓒ 관광택시　　Ⓓ 시티투어버스

2. 그 교통수단의 유익한 점은 무엇입니까?

> Ⓐ 여러 코스가 있음　　　　Ⓑ 테마별 코스가 있음
> Ⓒ 무료 환승이 가능함　　　Ⓓ 승차권 하나로 모든 노선을 하루종일 탈 수 있음

3. 요금은 얼마입니까?

> Ⓐ 1,300원　　Ⓑ 5,000원　　Ⓒ 15,000원　　Ⓓ 80,000원

4. 어디서 탑니까?

> Ⓐ 역 앞　　Ⓑ 지하철역　　Ⓒ 아직 모름　　Ⓓ 버스 정류장

<ruby>話<rt>はな</rt></ruby>しましょう

🌸 이야기합시다

🌸 시내 관광　🎧 14-02

 친구　<ruby>明日<rt>あした</rt></ruby><ruby>一人<rt>ひとり</rt></ruby>であちこち<ruby>見<rt>み</rt></ruby>て<ruby>回<rt>まわ</rt></ruby>りたいんだけど、どうしたらいい

かな？

 나　Ⓐ シティーツアーバスはどうかな。ⓐ いろんなコースが

あるみたいだよ。

Ⓑ <ruby>一日乗車券<rt>いちにちじょうしゃけん</rt></ruby>を<ruby>買<rt>か</rt></ruby>って<ruby>地下鉄<rt>ちかてつ</rt></ruby>に<ruby>乗<rt>の</rt></ruby>るの　　ⓑ <ruby>全部<rt>ぜんぶ</rt></ruby>の<ruby>路線<rt>ろせん</rt></ruby>が<ruby>乗<rt>の</rt></ruby>り<ruby>放題<rt>ほうだい</rt></ruby>だよ。
Ⓒ <ruby>観光<rt>かんこう</rt></ruby>タクシー　　　　　　　　　　　ⓒ テーマ<ruby>別<rt>べつ</rt></ruby>のコースがあるよ。

 친구　<ruby>料金<rt>りょうきん</rt></ruby>はいくら？

 나　Ⓐ 1<ruby>万<rt>まん</rt></ruby>5,000ウォンぐらいだと<ruby>思<rt>おも</rt></ruby>うよ。

Ⓑ 5,000ウォン
Ⓒ 1<ruby>時間<rt>じかん</rt></ruby>2<ruby>万<rt>まん</rt></ruby>ウォン

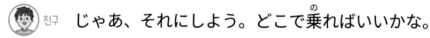 친구　じゃあ、それにしよう。どこで<ruby>乗<rt>の</rt></ruby>ればいいかな。

 나　Ⓐ <ruby>釜山駅<rt>プサンえき</rt></ruby>の<ruby>前<rt>まえ</rt></ruby>で<ruby>乗<rt>の</rt></ruby>れるよ。

Ⓑ <ruby>地下鉄<rt>ちかてつ</rt></ruby>の<ruby>駅<rt>えき</rt></ruby>ならどこでも<ruby>乗<rt>の</rt></ruby>れるよ。
Ⓒ <ruby>乗<rt>の</rt></ruby>り<ruby>場<rt>ば</rt></ruby>は<ruby>後<rt>あと</rt></ruby>で<ruby>調<rt>しら</rt></ruby>べてみるよ。

 친구　ありがとう。

 나　<ruby>一緒<rt>いっしょ</rt></ruby>に<ruby>行<rt>い</rt></ruby>けなくてごめんね。

やってみましょう

🌸 **시내 관광**

▶ 일본인 친구 혼자서 시내 관광을 한다고 합니다. A~C의 교통수단 별로 유익한 점, 소요 시간, 그리고 어디에서 타는지 대답해 보세요.

A 시티투어버스 **B** 지하철 일일승차권 **C** 관광택시

친구 明日一人であちこち見て回りたいんだけど、どうしたらいいかな？

나 [대답&설명] 〜〜〜〜〜〜〜〜〜〜〜〜〜〜〜〜〜〜〜〜

친구 料金はいくら？

나 [대답] 〜〜〜〜〜〜〜〜〜〜〜〜〜〜〜〜〜〜〜〜

친구 じゃあ、それにしよう。どこで乗ればいいかな。

나 [대답] 〜〜〜〜〜〜〜〜〜〜〜〜〜〜〜〜〜〜〜〜

친구 ありがとう。

나 一緒に行けなくてごめんね。

チャレンジ！

① 다음 말을 일본어로 어떻게 표현하면 될까요?

① 무슨 일이 있으면 바로 전화 주세요.

② 편의점에서도 (교통카드를) 충전할 수 있어요.

③ 개찰구 앞에서 기다릴게.

② 다음 문장은 한국어로 어떻게 해석하면 될까요?

① 切符の買い方がわかりません。

② 道に迷いました。

③ どこで下りたらいい？

8 食事
しょくじ
식사

🌐 Can-Do 15

음식을 추천할 수 있다.

🌐 Can-Do 16

한국의 식사 방식을 설명할 수 있다.

음식을 추천할 수 있다.

▶ 日本の友達にどんな韓国料理を勧めたいですか。

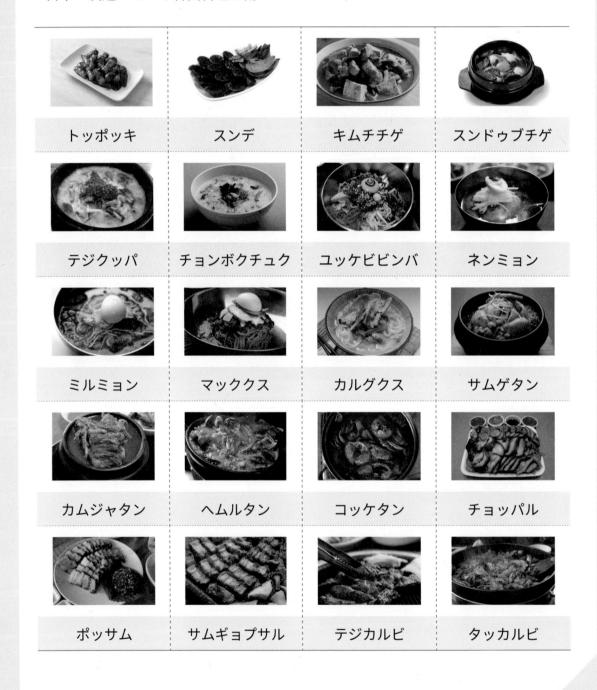

トッポッキ	スンデ	キムチチゲ	スンドゥブチゲ
テジクッパ	チョンボクチュク	ユッケビビンバ	ネンミョン
ミルミョン	マッククス	カルグクス	サムゲタン
カムジャタン	ヘムルタン	コッケタン	チョッパル
ポッサム	サムギョプサル	テジカルビ	タッカルビ

❀ 주요 어구 익히기

ぎゅうにく ぶたにく とりにく **牛肉 / 豚肉 / 鶏肉** 소고기 / 돼지고기 / 닭고기	なべ **鍋** 냄비, 냄비요리	かゆ **お粥** 죽
おすすめ 추천, 추천하는 것	なま なま **生 / 生もの** 날것	にが て **苦手だ** 잘할 자신이 없어 싫다
から から **辛い / ピリ辛** 맵다 / 매콤한	つめ **冷たい** 차갑다	**あったかい** 따뜻하다 (구어)
あっさりした 담백한	や **焼く** 굽다	いた **炒める** 볶다
あ **〜に合う** 〜에/와/과 어울리다	じる **だし汁をかける** 육수를 붓다	しょう ゆ つ **醤油に漬ける** 간장에 담그다

1. 담백한 것이 좋습니다. _____

2. 따뜻한 죽은 어떻습니까? _____

3. 날것은 잘 못 먹어. _____

4. 고기랑 잘 어울리는 술이야. _____

5. 차가운 육수를 부어 먹는 거야. _____

<ruby>聞<rt>き</rt></ruby>きましょう

메뉴 결정　 15-01

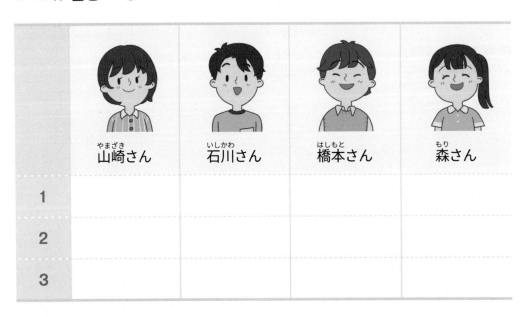

	<ruby>山崎<rt>やまざき</rt></ruby>さん	<ruby>石川<rt>いしかわ</rt></ruby>さん	<ruby>橋本<rt>はしもと</rt></ruby>さん	<ruby>森<rt>もり</rt></ruby>さん
1				
2				
3				

1. 어떤 음식을 먹고 싶어합니까?

> A 게　　B 술 안주　　C 차가운 것　　D 따뜻한 것

2. 처음에 추천 받은 음식이 마음에 들지 않았던 점은 무엇입니까?

> A 면류　　B 날것　　C 매운 맛　　D 돼지고기

3. 먹기로 결정한 음식에 들어가는 재료는 무엇입니까?

> A 게　　B 생선　　C 닭고기　　D 돼지고기

❀ 메뉴 결정

▶ 음식 설명을 해 보세요.

예시1 전복죽　あわびのお粥です。

예시2 감자탕　豚の背骨の肉のピリ辛鍋だよ。

1) 돼지국밥

2) 칼국수

3) 닭갈비

4) 해물탕

5) ＿＿＿＿＿＿

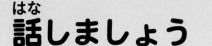
🌸 점심 메뉴　🎧 15-02

🧑 나　お昼、何にする？
ひる　なん

🧑 친구　えーと、Ⓐ あったかいものがいいかな。
　　　　　Ⓑ 辛い
　　　　　　 から
　　　　　Ⓒ あっさりした

🧑 나　じゃあ、Ⓐ カムジャタンなんかどう？
　　　　　Ⓑ ヘムルタン
　　　　　Ⓒ カルグクス

🧑 친구　それってどんなの？

🧑 나　Ⓐ 豚の背骨の肉のピリ辛鍋だよ。
　　　ぶた せ ぼね にく　 からなべ
　　　Ⓑ カニとかタコとか貝なんかが入った海鮮鍋
　　　　　　　　　　　かい　　　　はい　　かいせんなべ
　　　Ⓒ 平べったいうどんみたいな感じ
　　　　 ひら　　　　　　　　　　かん

🧑 친구　Ⓐ 辛いのはちょっと……。
　　　　　 から
　　　　 Ⓑ カニだけの鍋はないの？
　　　　　　　　　 なべ
　　　　 Ⓒ 麺よりご飯の方がいいんだけど……。
　　　　 めん　　 はん ほう

🧑 나　じゃあ、Ⓐ テジクッパはどう。ⓐ とんこつスープの辛くない
　　　　　　　　　　　　　　　　　　　　　　　　　　　から
　　クッパだよ。
　　　Ⓑ コッケタン　　　　　ⓑ カニのピリ辛鍋
　　　　　　　　　　　　　　　　　　　　からなべ
　　　Ⓒ チョンボクチュク　　ⓒ あわびのお粥
　　　　　　　　　　　　　　　　　　　　 かゆ

🧑 친구　いいね。じゃあ、それにしよう。

やってみましょう

❀ 점심 메뉴

▶ 점심 때 무엇을 먹을 것인지 결정하려고 하는 장면입니다. 음식을 추천하고 그 음식에 대해 설명하세요. 친구가 그 음식이 마음에 들지 않으면 다른 음식을 추천하세요.

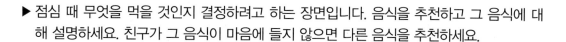

나　お昼、何にする？

친구　えーっと、何かおすすめある？

나　じゃあ、[음식을 추천] ＿＿＿＿＿＿＿＿＿ なんかどう？

친구　それってどんなの？

나　[어떤 음식인지 설명] ＿＿＿＿＿＿＿＿＿

친구　[마음에 들지 않은 모양]

나　じゃあ、[다른 음식을 추천] ＿＿＿＿＿＿ はどう？
　　[어떤 음식인지 설명] ＿＿＿＿＿＿＿＿＿
　　＿＿＿＿＿＿＿＿＿＿＿＿＿＿＿＿

친구　いいね。じゃあ、それにしよう。

한국의 식사 방식을 설명할 수 있다.

▶韓国と日本の食事風景にはどんな違いがありますか。

単語・表現
たんご・ひょうげん

❀ 주요 어구 익히기

違い ちが 차이	一杯 いっぱい 한잔	取り皿 と ざら 앞접시
マナー 매너, 예의	そのまま 그대로	器が熱い うつわ あつ 그릇이 뜨겁다
割る わ (다른 액체와) 섞다	おごる 한턱내다	汁をすくう しる 국물을 뜨다
スプーンで混ぜる ま 숟가락으로 섞다, 비비다	ハサミで切る き 가위로 자르다	火が通る ひ とお (음식이 열을 받아) 익다
テーブルの上に置く うえ お 식탁 위에 두다	横を向く よこ む 고개를 옆으로 돌리다	目上の人を敬う め うえ ひと うやま 윗사람을 공경하다

1. 숟가락으로 국물을 떠서 먹습니다. _____

2. 면을 가위로 자르세요. _____

3. 익으면 먹어도 됩니다. _____

4. 맥주와 섞어 마시는 사람도 많아. _____

5. 오늘은 내가 쏠게. _____

読みましょう

❀ SNS 메시지

今日はごちそうさま。となりの国なのにこんなに食文化の違いがあるとは思わなかったよ。特に驚いたのは、汁だけじゃなく、ご飯までスプーンで食べる！何でもかんでもハサミで切る！（笑）そしてとにかく混ぜる！（爆）濃密な一日だったなあ。明日もよろしく！おやすみ(*´0)ゞファァ~~♪

1. 언제 보낸 메시지일까요?

2. 무엇에 대해 이야기하고 있나요?

3. 특히 놀랐던 세 가지 일은 무엇인가요?

<ruby>聞<rt>き</rt></ruby>きましょう

❀ 식사하기 🎧 16-01

	<ruby>山崎<rt>やまざき</rt></ruby>さん	<ruby>石川<rt>いしかわ</rt></ruby>さん	<ruby>橋本<rt>はしもと</rt></ruby>さん	<ruby>森<rt>もり</rt></ruby>さん
1				
2				
3				

1. 어떤 음식이 나왔나요?

- A 냉면
- B 소갈비
- C 감자탕
- D 소주

2. 무엇에 대해 질문했나요?

- A 자세
- B 가위
- C 밥그릇
- D 숟가락

3. 어떤 한국어 표현을 알고 싶어했나요?

- A 얼마예요?
- B 맛있었습니다
- C 또 오겠습니다
- D 잘 먹었습니다

話しましょう
<ruby>話<rt>はな</rt></ruby>しましょう

🌸 이야기합시다

🌸 식사 방식 🎧 16-02

친구 これが Ⓐ カムジャタンか。どうやって ⓐ 食べるの？

　　Ⓑ ミルミョン　　　　　　　ⓑ 食べる
　　Ⓒ ソジュ　　　　　　　　　ⓒ 飲む

나 Ⓐ 火が通ったら好きなものを取り皿に入れて食べて。

　　Ⓑ お好みでお酢やカラシを入れて、よく混ぜてから食べて。

　　Ⓒ そのままでもいいし、ビールと割って飲んでもおいしいよ。

친구 へえ、おいしそう。

나 Ⓐ 韓国では汁はスプーンですくって飲むんだよ。ごはんも

　　スプーンでね。

　　Ⓑ ちょっと待って。混ぜる前に、こうやってはさみで麺を切るんだよ。

　　Ⓒ 韓国では目上の人に飲むところを見せないようにするのがマナー

　　なんだ。

친구 そうなんだ。

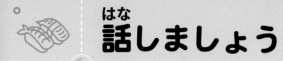

話しましょう

 이야기합시다

…… 식사를 마치고 ……

 친구 あー、おいしかった。

ねえ、「Ⓐ ごちそうさまでした」って韓国語で何て言ったらいい？

　Ⓑ いくらですか？

　Ⓒ すごくおいしかったです

 나 そうだなあ……。「Ⓐ 잘 먹었습니다」かな。

　Ⓑ 얼마예요?

　Ⓒ 정말 맛있었어요

 친구 「Ⓐ 잘 먹었습니다」か。よし、じゃあ、店員さんに言ってみよ。

　Ⓑ 얼마예요?

　Ⓒ 정말 맛있었어요

やってみましょう

식사 방식

▶ 음식점에서 주문한 음식이 나왔습니다. 어떻게 먹는지 설명해 보세요. 그리고 음식점에서
사용하는 한국어 표현을 가르쳐 보세요.

친구　これが〇〇か。どうやって食べるの？

나　[대답]　〜〜〜〜〜〜〜〜〜〜〜〜〜〜〜〜〜〜〜〜〜〜

친구　へえ、おいしそう。

나　[식사 방식 추가 설명]　〜〜〜〜〜〜〜〜〜〜〜〜〜〜〜〜
〜〜〜〜〜〜〜〜〜〜〜〜〜〜〜〜〜〜〜〜〜〜〜〜〜〜〜〜〜〜

친구　そうなんだ。

…… 식사를 마치고 ……

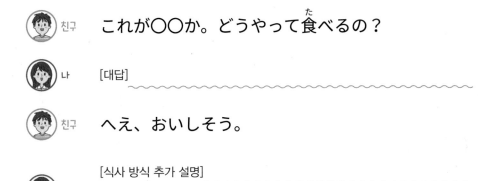

친구　あー、おいしかった。
ねえ、「A ごちそうさまでした」って韓国語で何て
言ったらいい？

B いくらですか？

C すごくおいしかったです

나　[대답]　〜〜〜〜〜〜〜〜〜〜〜〜〜〜〜〜〜〜〜〜〜〜〜〜〜

チャレンジ！

① 다음 말을 일본어로 어떻게 표현하면 될까요?

　① 맥주 한잔 어때요?

　② 김치는 리필할 수 있어.

　③ 이 양념장에 찍어서 먹어 봐.

② 다음 문장은 한국어로 어떻게 해석하면 될까요?

　① おしぼりもらえるでしょうか？

　② 韓国らしいものを食べたいなあ。

　③ 割り勘でもいい？

⑨ <ruby>観<rt>かん</rt></ruby><ruby>光<rt>こう</rt></ruby>

관광

🌐 **Can-Do 17**

관광지를 소개할 수 있다.

🌐 **Can-Do 18**

한국의 기념품을 추천할 수 있다.

관광지를 소개할 수 있다.

▶日本の友達にどんな観光地を勧めたいですか。

ヘウンデ

ナンポドン

カムチョン文化マウル

キョンジュ

チョンジュ

チェジュ島

ミョンドン

インサドン

パンムンジョム

❀ 주요 어구 익히기

てら お寺 절	めんぜいてん 免税店 면세점	せ かい い さんとうろく 世界遺産登録 (유네스코) 세계유산 등록
い せき 遺跡 유적지	ゆうえん ち 遊園地 / テーマパーク 놀이공원 / 테마파크	てんぼうだい 展望台 전망대
け しき 景色 경치	でんとうこうげいひん 伝統工芸品 전통공예품	いちぼう 一望 한눈에 바라보다
いちにちじゅう 一日中 하루종일	みやげ お土産 여행 선물, 기념품	ちか 近く 가까이, 근처
おしゃれだ 세련되다, 분위기 있다	たの 楽しむ 즐기다	つ あ 付き合う 행동을 같이 하다

1. 경치가 좋은 곳입니다. _____

2. 근처에 유명한 유적지가 있습니다. _____

3. 기념품으로 추천할 것이 있어? _____

4. 근처에 있는 절에 데려갑니다. _____

5. 내일은 하루종일 같이 가 줄게. _____

聞きましょう
き

❀ **관광지 문의** 🎧 17-01

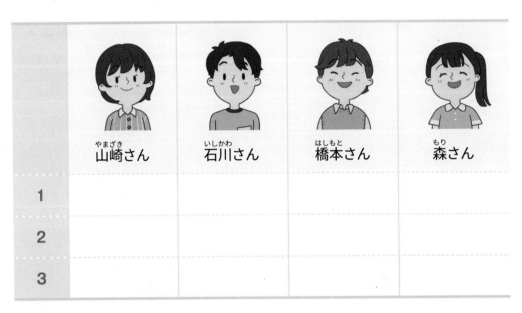

	山崎さん	石川さん	橋本さん	森さん
1				
2				
3				

1. 어디로 가기로 했습니까?

Ⓐ 경주	Ⓑ 평창	Ⓒ 해운대	Ⓓ 롯데월드

2. 거기까지 어떻게 갑니까?

Ⓐ 지하철	Ⓑ 자동차	Ⓒ 고속버스	Ⓓ 고속철도

3. 거기에는 어떤 것이 있습니까?

Ⓐ 전망대	Ⓑ 카지노	Ⓒ 면세점	Ⓓ 유적지

❀ 관광지 문의

▶ 관광지 설명을 해 봅시다.

예시1 해운대　ホテルやカジノがあって、韓国で一番有名なビーチがある所だよ。

예시2 경주　ユネスコに世界遺産登録された仏国寺や石窟庵がある所だよ。

1) 제주도

2) 명동

3) 인사동

4) 남포동

5) ＿＿＿＿＿＿＿

🌸 관광지 소개　🎧 17-02

친구　明日は予定ないんだよね。

나　じゃあ、Ⓐ 海雲台に行くのはどう？
　　Ⓑ 慶州
　　Ⓒ 仁寺洞

친구　そこはどんな所？

나　Ⓐ 韓国で一番有名なビーチがある所だよ。
　　Ⓑ ユネスコに世界遺産登録された仏国寺や石窟庵がある
　　Ⓒ 伝統工芸品が集まっていて、アートの街って言われてる

친구　へえ、おもしろそうだね。どうやって行くの？

나　Ⓐ 地下鉄でもバスでも行けるよ。
　　Ⓑ 高速バスに乗って行けばいいよ。
　　Ⓒ 地下鉄が便利だよ。

친구　行ったことあるの？

나　うん、Ⓐ ビーチの近くのホテルにカジノもあるよ。
　　Ⓑ キョンジュワールドっていうテーマパーク
　　Ⓒ おしゃれな伝統茶のお店

친구　じゃあ、明日はそこに行ってみよう。

やってみましょう

🌸 관광지 소개

▶ 일본인 친구에게 놀러 갈 관광지를 추천하고 그곳이 어떤 곳인지 간단하게 설명하세요. 그리고 거기까지 어떻게 갈 것인지, 그 관광지 안이나 근처에 있는 다른 갈 만한 곳을 추가로 말해 보세요.

친구　明日は 予定ないんだよね。

나　じゃあ、[관광지 추천] _____ に行くのはどう？

친구　そこはどんな所？

나　[어떤 곳인지 설명] _____

친구　へえ、おもしろそうだね。どうやって行くの？

나　[교통수단 대답] _____

친구　行ったことあるの？

나　うん、[그 관광지 안이나 근처에 있는 갈 만한 곳을 추가로 추천] _____

친구　じゃあ、明日はそこに行ってみよう。

Can-Do 18

한국의 기념품을 추천할 수 있다.

▶ 日本の友達にどんなお土産を勧めたいですか。

韓国のり	高麗人参エキス	化粧品

キャラクター商品	マッコリ	キムチ

韓流グッズ	お菓子	ラーメン

単語・表現
^{たん ご} ^{ひょうげん}

단어·표현

🌸 주요 어구 익히기

旦那 だんな 남편	ご近所さん きんじょ 이웃, 이웃 사람	同僚 どうりょう 동료
市場 いちば 시장	デパート 백화점	大型スーパー おおがた 대형 마트
地下商店街 ちかしょうてんがい 지하상가	グッズショップ 굿즈숍	老舗 しにせ 노포, 전통 있는 오래된 가게
海苔 のり 김	お菓子 かし 과자	化粧品 けしょうひん 화장품
代表的 だいひょうてき 대표적	頼まれる たの 부탁 받다	忘れる わす 잊다, 깜빡하다

1. 화장품을 부탁 받았습니다. _____

2. 과자라면 대형 마트는 어떨까요? _____

3. 김이라면 시장이 더 싸지 않을까? _____

4. 이 굿즈숍은 꽤 오래된 가게야. _____

5. 이웃에게 줄 선물을 깜빡했어. _____

❀ SNS 대화

明日、お土産買いに行こうと思うんだけど付き合ってもらえる？

うん、いいよー。
なに買うの？

お父さんにはタバコ買ってきてって言われてるんだけど
禁煙させたいからお酒にしようかなあ。
お母さんには高麗人参のエキス。
お姉ちゃんには韓流アイドルのDVD！

へえ、お姉ちゃん韓流アイドル好きなんだ。
ご近所さんには買って行かなくていいの？

そうだなあ、ご近所さんには韓国のりとかお菓子にしようかな。

じゃあ、明日とりあえず東大門市場に行ってみようか。

---

1. 누구에게 무엇을 사다 줄 예정입니까?

2. 내일 두 사람은 어디로 가나요?

聞きましょう

❀ 들읍시다

❀ 기념품 사기 🎧 18-01

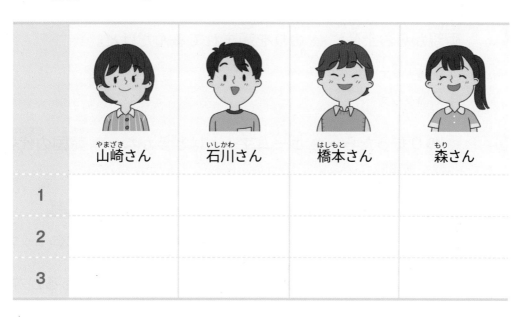

	やまざき 山崎さん	いしかわ 石川さん	はしもと 橋本さん	もり 森さん
1				
2				
3				

1. 누구에게 줄 선물인가요?

Ⓐ 남편	Ⓑ 여동생	Ⓒ 친구	Ⓓ 동료

2. 무엇을 사기로 했나요?

Ⓐ 김	Ⓑ 술	Ⓒ 옷	Ⓓ 화장품

3. 어디서 살 예정인가요?

Ⓐ 시장	Ⓑ 면세점	Ⓒ 백화점	Ⓓ 대형 마트

話しましょう

🌸 이야기합시다

🌸 여행 선물 소개 🎧 18-02

 친구　両親からお土産に Ⓐ のりを頼まれてるんだけど。
　　　　Ⓑ 高麗人参エキス
　　　　Ⓒ 韓流グッズ

 나　Ⓐ のりだったら、ⓐ ホームマートはどうかな。ⓘ 韓国の代表
　　　　的な大型スーパーだし。

　　　　Ⓑ 高麗人参エキス　　ⓑ 南大門市場　　　ⓘ ソウルの有名な市場
　　　　Ⓒ 韓流グッズ　　　　ⓒ コリアワールド　ⓘⓘⓘ 明洞の老舗グッズショップ

 친구　それから、友達へのお土産で何かおすすめの物ってあるかな。

나　そうだね。Ⓐ 女の人なら、ⓐ 化粧品はどうかな。

　　　　Ⓑ お酒好き　　　　　ⓑ マッコリ
　　　　Ⓒ 簡単な物でいい　　ⓒ お菓子

친구　いいね。どこで買えるの？

나　どこでも買えるけど、Ⓐ ソミョンの地下商店街がおすすめ
　　だよ。

　　　　Ⓑ ソウルデパートの免税店
　　　　Ⓒ Eプラスっていう大型スーパー

친구　じゃあ、悪いけど買い物ちょっと付き合ってもらえる？

나　もちろん！

やってみましょう

여행 선물 소개

▶ 일본인 친구가 부모님이 부탁한 선물을 사고 싶어합니다. 어디서 사면 좋을지 대답해 보세요. 그리고 그 친구가 자신의 친구에게 줄 선물로 무엇이 좋을지 추천해 달라고 합니다. 자유롭게 하나 추천을 하고 그것을 어디서 살 수 있는지 대답해 보세요.

친구 両親からお土産に〇〇を頼まれてるんだけど、どこで買えばいいかな。

나 〇〇だったら、[장소 추천]＿＿＿＿＿＿＿はどうかな。
[설명]＿＿＿＿＿＿＿＿＿＿＿＿だし。

친구 それから、友達へのお土産で何かおすすめの物ってあるかな。

나 [성질이나 취향에 맞게 추천]＿＿＿＿＿なら、＿＿＿＿＿はどうかな。

친구 いいね。どこで買えるの？

나 どこでも買えるけど、[구체적인 장소 추천]＿＿＿＿＿＿＿＿がおすすめだよ。

친구 じゃあ、悪いけど買い物ちょっと付き合ってもらえる？

나 もちろん！

チャレンジ！

① 다음 말을 일본어로 어떻게 표현하면 될까요?

① 무료로 들어갈 수 있어요.

② 깎아 달라고 할까요?

③ 세일 중인가 봐.

② 다음 문장은 한국어로 어떻게 해석하면 될까요?

① 入場料いくらですか？

② 車出してくれると嬉しいんだけど。

③ 映画祭にも行ってみたいな。

10 交流
こうりゅう
교류

🌐 Can-Do 19

학교(직장) 생활에 대해 이야기할 수 있다.

🌐 Can-Do 20

귀국하는 친구와 작별 인사를 할 수 있다.

Can-Do 19

학교(직장) 생활에 대해 이야기할 수 있다.

▶ どんな<ruby>専攻<rt>せんこう</rt></ruby>(<ruby>職業<rt>しょくぎょう</rt></ruby>)ですか。

<ruby>専攻<rt>せんこう</rt></ruby>	<ruby>職業<rt>しょくぎょう</rt></ruby>
コンピューター<ruby>工学<rt>こうがく</rt></ruby>	プログラマー
<ruby>自動車工学<rt>じ どうしゃこうがく</rt></ruby>	エンジニア
<ruby>観光経営学<rt>かんこうけいえいがく</rt></ruby>	フライトアテンダント
<ruby>社会福祉学<rt>しゃかいふく し がく</rt></ruby>	<ruby>社会福祉士<rt>しゃかいふく し し</rt></ruby>
<ruby>国際関係学<rt>こくさいかんけいがく</rt></ruby>	<ruby>公務員<rt>こう む いん</rt></ruby>
<ruby>幼児教育学<rt>よう じ きょういくがく</rt></ruby>	<ruby>保育士<rt>ほ いく し</rt></ruby>
<ruby>看護学<rt>かん ご がく</rt></ruby>	<ruby>看護師<rt>かん ご し</rt></ruby>
<ruby>栄養学<rt>えいようがく</rt></ruby>	<ruby>栄養士<rt>えいよう し</rt></ruby>
<ruby>通訳翻訳学<rt>つうやくほんやくがく</rt></ruby>	<ruby>翻訳家<rt>ほんやく か</rt></ruby>
<ruby>日本語学<rt>に ほん ご がく</rt></ruby>	<ruby>教師<rt>きょう し</rt></ruby>

❀ 주요 어구 익히기

しょうらい 将来 장래	そつぎょう 卒業 졸업	しゅうしょく 就職 취직, 취업
し ぼう 志望 지망	てんしょく 転職 이직	マーケティング 마케팅
コンベンション 컨벤션	せっけい 設計 설계	じ どうしゃ 自動車メーカー 자동차 메이커
キャンパス 캠퍼스	がくしょく 学食 학생식당 (学生食堂의 준말) がくせいしょくどう	とりひき 取引 거래
はたら 働く 일하다	きょう み 興味がある 관심이 있다	せんこう い 専攻を生かす 전공을 살리다

1. 전공을 살리고 싶습니다. ⎽⎽⎽⎽⎽⎽⎽⎽⎽⎽⎽⎽⎽⎽⎽⎽⎽⎽⎽⎽

2. 졸업하면 호텔에서 일하고 싶습니다. ⎽⎽⎽⎽⎽⎽⎽⎽⎽⎽⎽⎽⎽

3. 이직을 생각하고 있습니다. ⎽⎽⎽⎽⎽⎽⎽⎽⎽⎽⎽⎽⎽⎽⎽⎽⎽⎽

4. 점심을 학생식당에서 먹을까? ⎽⎽⎽⎽⎽⎽⎽⎽⎽⎽⎽⎽⎽⎽⎽⎽

5. 컨벤션에 관심이 있어. ⎽⎽⎽⎽⎽⎽⎽⎽⎽⎽⎽⎽⎽⎽⎽⎽⎽⎽⎽⎽

<ruby>聞<rt>き</rt></ruby>きましょう

들읍시다

🌸 학교(직장) 소개 🎧 19-01

	<ruby>姜<rt>カン</rt></ruby>さん	<ruby>徐<rt>ソ</rt></ruby>さん	<ruby>趙<rt>チョ</rt></ruby>さん	<ruby>申<rt>シン</rt></ruby>さん
1				
2				
3				

1. 무슨 공부(일)를 하고 있나요?

> Ⓐ 통역　　Ⓑ 마케팅　　Ⓒ 컴퓨터　　Ⓓ 관광경영

2. 앞으로 어떻게 할 생각인가요?

> Ⓐ 미정　　Ⓑ 이직　　Ⓒ 호텔 근무　　Ⓓ 설계 업무

3. 어디서 밥을 먹나요?

> Ⓐ 미정　　Ⓑ 바깥　　Ⓒ 학생식당　　Ⓓ 사원식당

せつめい
説明しましょう

❀ 설명합시다

❀ 학교(직장) 소개

▶ 학교(직장)를 설명해 보세요.

예시 자신의 학교(직장)

春には桜が咲いてきれいですが、駅からちょっと遠いので不便です。

1) 자신의 학교(직장)

2) 자신이 하고 있는 학문(업무)

3) 장래 희망

4) 학교(직장) 근처 맛집

<ruby>話<rt>はな</rt></ruby>しましょう

❀ 학교(직장) 소개 🎧 19-02

 친구　へえ、いいところだね。

 나　Ⓐ <ruby>春<rt>はる</rt></ruby>には<ruby>桜<rt>さくら</rt></ruby>が<ruby>咲<rt>さ</rt></ruby>いてきれいだよ。

　　Ⓑ でも、<ruby>坂<rt>さか</rt></ruby>が<ruby>多<rt>おお</rt></ruby>くて<ruby>大変<rt>たいへん</rt></ruby>だよ。

　　Ⓒ <ruby>家<rt>いえ</rt></ruby>から<ruby>近<rt>ちか</rt></ruby>くて<ruby>便利<rt>べんり</rt></ruby>だよ。

 친구　<ruby>何<rt>なん</rt></ruby>の<ruby>勉強<rt>べんきょう</rt></ruby>(<ruby>仕事<rt>しごと</rt></ruby>)してるんだっけ？

 나　Ⓐ <ruby>観光経営学<rt>かんこうけいえいがく</rt></ruby>。コンベンションとかに<ruby>興味<rt>きょうみ</rt></ruby>があるんだ。

　　Ⓑ <ruby>自動車工学部<rt>じどうしゃこうがくぶ</rt></ruby>だよ。<ruby>昔<rt>むかし</rt></ruby>から<ruby>車<rt>くるま</rt></ruby>が<ruby>好<rt>す</rt></ruby>きでね。

　　Ⓒ マーケティングだよ。<ruby>最近海外取引<rt>さいきんかいがいとりひき</rt></ruby>が<ruby>増<rt>ふ</rt></ruby>えて<ruby>忙<rt>いそが</rt></ruby>しいんだよね。

 친구　すごいねえ。

 나　Ⓐ <ruby>卒業<rt>そつぎょう</rt></ruby>したら<ruby>海外<rt>かいがい</rt></ruby>のホテルに<ruby>就職<rt>しゅうしょく</rt></ruby>したいと<ruby>思<rt>おも</rt></ruby>ってるんだ。

　　Ⓑ <ruby>卒業<rt>そつぎょう</rt></ruby>したら<ruby>韓国<rt>かんこく</rt></ruby>の<ruby>自動車<rt>じどうしゃ</rt></ruby>メーカーに<ruby>入<rt>はい</rt></ruby>りたいんだよね。

　　Ⓒ う～ん、でも<ruby>来年転職考<rt>らいねんてんしょくかんが</rt></ruby>えてるんだ。

 친구　あ、なんかお<ruby>腹<rt>なか</rt></ruby><ruby>空<rt>す</rt></ruby>いてきた。<ruby>何<rt>なに</rt></ruby>か<ruby>食<rt>た</rt></ruby>べない？

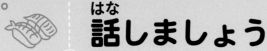 나　Ⓐ <ruby>学食<rt>がくしょく</rt></ruby>に<ruby>行<rt>い</rt></ruby>こうか。うちの<ruby>学食<rt>がくしょく</rt></ruby>は<ruby>定食<rt>ていしょく</rt></ruby>が<ruby>安<rt>やす</rt></ruby>くておいしいよ。

　　Ⓑ そうだね、<ruby>校内<rt>こうない</rt></ruby>のハンバーガー<ruby>屋<rt>や</rt></ruby>で<ruby>何<rt>なに</rt></ruby>か<ruby>食<rt>た</rt></ruby>べようか。

　　Ⓒ う～ん、<ruby>社員食堂<rt>しゃいんしょくどう</rt></ruby>はあんまりおいしくないから、ちょっと<ruby>歩<rt>ある</rt></ruby>こうか。

やってみましょう

❀ 해봅시다

❀ 학교(직장) 소개

▶ 일본인 친구가 당신의 학교(직장)에 왔습니다. 어떤 곳인지 간단하게 소개하고, 지금 무슨
공부(일)를 하고 있으며 앞으로 어떤 계획을 가지고 있는지 말해 보세요. 마지막으로 배가
고파진 친구와 어디로 밥을 먹으러 갈 것인지도 말해 보세요.

친구 へぇ、いいところだね。

나 [대답]

친구 何の 勉強(仕事)してるんだっけ？

나 [대답]

친구 すごいねえ。

나 [졸업 후(앞으로)의 계획]

친구 あ、なんかお腹空いてきた。何か食べない？

나 [대답]

귀국하는 친구와 작별 인사를 할 수 있다.

▶ 別れるとき、どんな挨拶をしますか。

さようなら。

じゃあね。

バイバイ。

元気でね。 / お元気で。

またね。

また会おう。 / またお会いしましょう。

また来てね。

いろいろありがとう。

気をつけてね。 / お気をつけて。

○○さんによろしくね。 / ○○さんによろしくお伝えください。

また連絡するね。

着いたらメッセージちょうだいね。

🌸 주요 어구 익히기

(お)別れ わか 작별	投稿 とうこう 투고, 게시글 올리기	移動 い どう 이동
年末 ねんまつ 연말	1泊 / 2泊 / 3泊 いっぱく に はく さんぱく 1박 / 2박 / 3박	天気が悪い てん き わる 날씨가 안 좋다
残念だ ざんねん 아쉽다	ゆっくり 편히, 여유 있게	思いっきり おも 마음껏, 실컷
晴れる は 날씨가 개다	欲しがる ほ 갖고 싶어하다	遊びに来る あそ く 놀러 오다
人気がある にん き 인기가 있다	時間を空ける じ かん あ 시간을 비우다	お金を貯める かね た 돈을 모으다

1. 시간을 비워 두세요. _____

2. 연말에 놀러 오세요. _____

3. 엄마가 갖고 싶어 했던 거야. _____

4. 여유 있게 지낼 수 있으면 좋겠어. _____

5. 돈을 모으고 난 뒤에 갈게. _____

<ruby>読<rt>よ</rt></ruby>みましょう

❀ <ruby>森<rt>もり</rt></ruby>さんのSNS<ruby>投稿<rt>とうこう</rt></ruby>

 森優花　7月10日

プサンからソウルへ移動。シン君のご両親とお別れ。お土産にお母さん
手作りのキムチもらっちゃった。ソウルでの買い物楽しかったよー。

💬1　🔁　♡3　↥

 森優花　7月11日

ロッテワールドで思いっきり遊んだ。夜はバスでまたプサンに。
ああー、ソウルでもうちょっと遊びたかったなあ。

💬1　🔁　♡3　↥

 森優花　7月12日

日本に帰る日。最後はやっぱりタッカルビ！シン君はサムギョプサル
食べたがってたけど(笑)。来年は、シン君が日本に遊びに来るんだっ
て。楽しみー。これ、別れ際にもらった口紅♡

💬1　🔁　♡3　↥

---

1. 부산에서 누구를 만났나요?

2. 어떤 점을 아쉬워하고 있나요?

3. 마지막으로 무엇을 먹었나요?

4. 선물로 누구에게 무엇을 받았나요?

聞きましょう _き

🌸 들읍시다

🌸 작별 인사하기 🎧 20-01

	山崎さん やまざき	石川さん いしかわ	橋本さん はしもと	森さん もり
1				
2				
3				

1. 무엇에 관해 아쉬워하고 있나요?

Ⓐ 친구   Ⓑ 음식   Ⓒ 일정   Ⓓ 날씨

2. 한국인 친구는 언제 일본에 갈 예정인가요?

Ⓐ 미정   Ⓑ 내년   Ⓒ 방학 때   Ⓓ 올해 연말

3. 선물로 무엇을 받았나요?

Ⓐ 김치   Ⓑ 라면   Ⓒ 화장품   Ⓓ 홍삼 농축액

話しましょう

이야기합시다

 작별 인사 🎧 20-02

나 韓国はどうだった？

친구 すごく楽しかったよ。

でも、Ⓐ サムゲタンが食べられなかったのは残念だったなあ。
Ⓑ 天気がずっと悪かったの
Ⓒ ２泊しかできなかったの

나 そうだね。次来た時には Ⓐ 食べられる といいね。
Ⓑ 晴れる
Ⓒ ゆっくりできる

친구 日本に遊びに来る予定はないの？

나 Ⓐ 次の休みにまた行こうかなって思ってるんだ。
Ⓑ 今はお金ないから、来年かな。
Ⓒ うーん、今のところはまだわからない。

친구 そうなんだ。もし来ることになったら連絡してね。

나 うん、もちろん。あ、これお土産。
Ⓐ 高麗人参のエキス。ご両親にあげて。
Ⓑ キムチ。母が作ったんだ。日本に帰ってから食べてね。
Ⓒ 韓国で今一番人気のあるラーメン。辛いよ。

친구 最後までいろいろありがとう。

やってみましょう

❀ 작별 인사

▶ 귀국하는 친구와 작별하는 장면입니다. 친구가 아쉬워하는 점(A〜C)에 대해 위로하고, 언제쯤 일본을 방문할 것인지 말하고 선물을 전달하세요.

Ⓐ 삼계탕을 먹지 못한 것　Ⓑ 날씨가 계속 안 좋았던 것　Ⓒ 2박밖에 못했던 것

나 韓国はどうだった？

친구 すごく楽しかったよ。でも、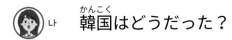 Ⓐ サムゲタンが食べられなかったのは残念だったなあ。
Ⓑ 天気がずっと悪かったの　Ⓒ ２泊しかできなかったの

나 そうだね。[위로의 한마디]次来た時には＿＿＿＿＿＿＿＿＿＿と
いいね。

친구 日本に遊びに来る予定はないの？

나 [정중하게 대답] 〰〰〰〰〰〰〰〰〰〰〰

친구 そうなんだ。Ⓐ もし来ることになったら連絡してね。
Ⓑ 正確な日程が決まったら

나 うん、もちろん。あ、これお土産。

[선물을 전달하면서 한마디] 〰〰〰〰〰〰〰〰〰〰

친구 最後までいろいろありがとう。

① 다음 말을 하고 싶을 때 일본어로 어떻게 표현하면 될까요?

① 자격증을 따려고 합니다.

② 30분 간격으로 셔틀버스가 출발합니다.

③ 공항까지 바래다 줄게.

② 다음 말을 들었을 때 한국어로 어떻게 해석하면 될까요?

① 長期休暇はあるんですか？

② どうやって通学(通勤)してるの？

③ 後で写真送るからね。

日本へ行こう！
(1)~(5)

일본에 가자! (1)~(5)

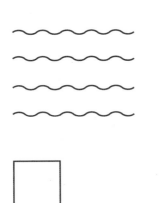

日本へ行こう！
にほんへいこう

▶ 일본 여행 계획을 세우고 발표해 봅시다!

① 여행의 윤곽 잡기 ------✈

목적(테마)

언제?

어디로?

누구와?

* 정리한 내용을 종합해서 이야기해 봅시다!

 저는 혼자 오사카에 가서 진짜 다코야키를 먹어 보고 싶어요. 경비가 부족해서 이번 방학에 아르바이트를 많이 해서 다음 방학 때 가려고 해요.

② 일본에 입국하는 방법 정하기 ┄┄┄✈

무엇을 타고?

소요시간은?

가격은?

* 정리한 내용을 종합해서 이야기해 봅시다!

예시 🖊 알아보니까 부산에서 오사카로 가는 배가 있네요. 시간은 많이 걸리지만 최대한 돈을 아끼기 위해서 배를 타고 갈까 해요. 제일 싼 방이면 왕복 15만원 정도로 갔다 올 수 있을 것 같아요.

日本へ行こう！

かな: に ほん い

▶ 일본 여행 계획을 세우고 발표해 봅시다!

③ 숙소 알아보기 ------✈

구체적인 후보(1) : 가격, 장소, 특징, 마음에 든 포인트 등

구체적인 후보(2) : 가격, 장소, 특징, 마음에 든 포인트 등

* 정리한 내용을 종합해서 이야기해 봅시다!

 오사카 미나미 쪽에는 게스트하우스가 많은 것 같아서 알아봤는데 'ㅇㅇ게스트하우스'가 제일 마음에 들어요. 지하철역과도 가깝고 편리한 곳에 위치하고 있어요. 주인이 영어를 할 수 있다고 해서 일본어가 안 통해도 걱정없을 것 같아요. 6명이 한 방을 쓰는 도미토리이지만, 조식 포함 2,000엔이라고 하네요. 아주 싸지요.

④ 관광지(가 보고 싶은 곳) 알아보기 ┈┈┈✈

구체적인 후보(1) : 그곳에서 무엇을 할 수 있는지, 왜 가 보고 싶은지 등

구체적인 후보(2) : 그곳에서 무엇을 할 수 있는지, 왜 가 보고 싶은지 등

* 정리한 내용을 종합해서 이야기해 봅시다!

 다코야키를 먹어 보는 것이 가장 큰 목적이지만, 유명한 다코야키집 근처에 '아메리카무라'라는 거리가 있다고 해요. 그곳은 옷가게나 패션 관련 상업시설이 많아서 한국에서 쉽게 구할 수 없는 옷들도 볼 수 있을 것 같아요. 젊은 사람들이 많이 다니는 곳이라서 일본 사람들이 어떤 옷을 잘 입고 다니는지 보고 싶어요.

日本へ行こう！

にほん　い

🌸 일본에 가자!

▶ 일본 여행 계획을 세우고 발표해 봅시다!

⑤ 식당 알아보기 - - - - ✈

구체적인 후보(1) : 메뉴, 장소, 가격, 특징, 마음에 든 포인트 등

구체적인 후보(2) : 메뉴, 장소, 가격, 특징, 마음에 든 포인트 등

* 정리한 내용을 종합해서 이야기해 봅시다!

 신사이바시 지하철역에서 5분 거리에 ○○라는 유명한 다
코야키집이 있다고 하는데, 창업 100년을 넘은 곳으로 오사
카 다코야키의 원조라고 해요. 10개에 300엔이라는 가격도
매력적이에요. 이곳만큼은 꼭 가 봐야겠어요.

정답 &
스크립트

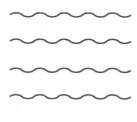

정답 및 스크립트

単語・表現

Can Do 1
• 1과 13p

1. 韓国から来ました。
2. A：かばんを開けてもよろしいでしょうか。
   B：はい、かまいませんよ。
3. 日本に来るのは3回目です。
4. 左にお進みください。
   (or 左側へお進みください。)
5. 滞在先はお決まりですか。

Can Do 2
• 1과 21p

1. 何番乗り場ですか。
2. どのくらいかかりますか。
3. 地下鉄に乗り換えます。
4. ちょっとお伺いします。
5. どう行けばいいですか。

Can Do 3
• 2과 29p

1. 予約していた○○です。
2. チェックインお願いします。
3. チェックアウトは何時までですか。
4. 朝食付きでよろしいですか。
5. 1泊 / 2泊 / 3泊 / 4泊

Can Do 4
• 2과 35p

1. インターネットに接続したいんですが。
2. 大浴場は今、利用できますか。
3. コインランドリーがありますか。
4. 荷物を預かってもらえませんか。
5. ワイファイのパスワードは何ですか。

Can Do 5
• 3과 43p

1. お弁当は温めますか。
2. スプーンをもう一つください。
3. 袋をお分けしましょうか。
4. クレジットカードは使えますか。
5. トイレを借りてもいいですか。

Can Do 6
• 3과 49p

1. 試着してもいいですか。
2. ぴったりです。
   (or ちょうどいいです。)
3. 紳士服売り場は何階にありますか。
4. それ、見せてください。
5. 色違いはありますか。

Can Do 7
• 4과 57p

1. 予約していません。
2. 禁煙席でお願いします。
3. 窓際の席、空いてますか。
4. 何名様ですか。
5. ご案内いたします。

Can Do 8
• 4과 63p

1. おすすめ(の料理)はありますか。
2. チーズバーガーセットをください。
3. コーラをLサイズでください。
   (or コーラのLサイズをください。)
4. 持ち帰りでお願いします。
5. お冷、もらえますか。

Can Do 9
• 5과 73p

1. 独学で勉強しました。
2. 自然に覚えました。
3. 姉に教えてもらいました。
4. A：日本語お上手ですね。
   B：まだまだです。

🌸 Can Do 10　　　　　　　　・5과 79p

1. ぜひ来てください。
2. 連絡先、交換しましょうか。
3. 残念ですね。
4. うちに泊まってもいいですよ。
5. 韓定食のお店に連れて行きますよ。

🌸 Can Do 11　　　　　　　　・6과 87p

1. 韓国に遊びに行きます。
2. 暇ですから、案内しますよ。
3. 街をブラブラしたいです。
4. 私に任せてください。
5. 空港まで迎えに行きますよ。

🌸 Can Do 12　　　　　　　　・6과 93p

1. 予算はどのくらいですか。
2. どんな所に泊まりたいですか。
3. ドミトリーでも大丈夫？
4. ここはトイレが共同です。
5. お風呂も付いてますよ。
　　(or お風呂付きですよ。)

🌸 Can Do 13　　　　　　　　・7과 101p

1. 空港に着きました。
2. 交通カードを持っています。
3. 途中で乗り換えないといけません。
4. 道が込むかもしれません。
5. 1万ウォン札は使えません。

🌸 Can Do 14　　　　　　　　・7과 107p

1. 全部の路線が乗り放題です。
2. 無料で乗り換えできますから、格安です。
3. 市内をあちこち見て回りたいな。
4. よくわからないので、調べておきますね。

🌸 Can Do 15　　　　　　　　・8과 115p

5. 交通費が節約できるよ。

1. あっさりしたものがいいです。
2. あったかいお粥はどうですか。
3. 生ものは苦手なんだ。
4. 肉によく合うお酒だよ。
5. 冷たいだし汁をかけて食べるんだよ。

🌸 Can Do 16　　　　　　　　・8과 122p

1. スプーンで汁をすくって飲みます。
2. 麺をハサミで切ってください。
3. 火が通ったら食べてもいいです。
4. ビールと割って飲む人も多いよ。
5. 今日は私がおごるね。

🌸 Can Do 17　　　　　　　　・9과 131p

1. 景色がきれいな所です。
2. 近くに有名な遺跡があります。
3. お土産におすすめある？
4. 近くのお寺に連れて行きます。
5. 明日は一日中付き合うよ。

🌸 Can Do 18　　　　　　　　・9과 137p

1. 化粧品を頼まれました。
2. お菓子なら大型スーパーはどうですか。
3. のりなら市場の方が安いんじゃないかな。
4. このグッズショップはかなりの老舗だよ。
5. ご近所さんへのお土産を忘れてた。

🌸 Can Do 19　　　　　　　　・10과 145p

1. 専攻を生かしたいです。
2. 卒業したらホテルで働きたいです。
3. 転職を考えています。

4. お昼は学食で食べようか。

5. コンベンションに興味があるんだ。

🌸 Can Do 20
• 10과 151p

1. 時間を空けといてください。

2. 年末、遊びに来てください。

3. 母が欲しがってたやつだ。

4. ゆっくりできるといいな。

5. お金を貯めてから行くよ。

🐟 聞きましょう

🌸 Can Do 1
• 1과 15p

▶ 정답

1. D 2. A 3. C 4. B

▶ 스크립트

\<入国審査場前\>

職員　：日本人の方は、このまままっすぐお
　　　　進みください。外国人の方は、左側
　　　　へお進みください。

\<入国審査中\>

審査官　：今日は観光ですか。

入国者　：はい。

審査官　：日本へは初めてですか。

入国者　：いいえ、三回目です。

審査官　：はい、結構です。

\<税関検査\>

職員　　：パスポートと税関申告書をお願いし
　　　　　ます。

入国者　：はい。

職員　　：韓国からですか。

入国者　：はい。

職員　：はい、結構です。どうぞ。

🌸 Can Do 2
• 1과 23p

▶ 정답

1. A / C / D

2. B / C / D

3. C / D / A

▶ 스크립트

\<山崎さん\>

山崎　：すみません。東京駅まで行きたいん
　　　　ですが、どう行けばいいですか。

案内員：そうですね。いろいろございますが。

山崎　：一番速いのは何ですか。

案内員：ＪＲの成田エクスプレスなら５０分く
　　　　らいで行けます。1,730円です。

山崎　：ちょっと高いなあ。一番安いのは何
　　　　ですか。

案内員：それならエアポートバスですね。
　　　　1,300円です。

山崎　：どのくらいかかりますか。

案内員：１時間くらいですね。

山崎　：じゃあ、それにします。

\<石川さん\>

石川　：すみません。ちょっとお伺いします
　　　　が、大阪駅まで行くにはどうすれば
　　　　いいでしょうか。

案内員：そうですねえ。バスと電車がござい
　　　　ますが。

石川　：バスは何分くらいかかりますか。

案内員：約１時間で料金は1,600円です。

石川　：電車はどうですか。

案内員：ＪＲの関空快速で１時間10分です
　　　　ね。料金は1,210円です。

石川　：そうですか。じゃあ、安い方にします。

<森さん>

森 ：すみません。博多駅まで行きたいんですけど。

案内員 ：地下鉄とバスとタクシーがございますが。

森 ：急いでいるんですよ。

案内員 ：今の時間帯、タクシーですと15分以上かかると思います。地下鉄なら二駅ですから、5分くらいで着きますね。

森 ：ありがとうございます。

❀ Can Do 3

•2과 31p

▶ 정답

1. D / C / B / A
2. B / C / A / D
3. A / B / A / B
4. A / D / B / C

▶ 스크립트

<姜さん>

フロント ：いらっしゃいませ。

姜 ：予約していた姜です。

フロント ：姜様ですね。こちらの用紙にご記入をお願いします。

姜 ：はい、わかりました。

フロント ：6人ドミトリーのベッド一つに2泊、朝食付きでよろしいですね。

姜 ：はい。朝ごはんは何時からですか。

フロント ：7時から9時までです。

<韓さん>

フロント ：こんばんは。

韓 ：予約していた韓です。

フロント ：韓様ですね。こちらの用紙にご記入ください。

韓 ：はい。

フロント ：和室ツインで3泊、朝食なしでよろしいですか。

韓 ：はい、朝早いので。ここから一番近いコンビニはどこですか。

フロント ：あそこの交差点のところにあります。

<趙さん>

フロント ：いらっしゃいませ。

趙 ：予約していた趙です。チェックインお願いします。

フロント ：趙様でございますね。お待ちしておりました。宿泊カードにご記入をお願いします。

趙 ：はい、わかりました。

フロント ：ご予約内容を確認いたします。禁煙のツインルームに1泊、朝食付きでよろしいですか。

趙 ：はい。チェックアウトは何時までですか。

フロント ：10時までです。

<徐さん>

徐 ：こんばんは。チェックインお願いします。

フロント ：お名前を伺ってよろしいですか。

徐 ：徐です。

フロント ：お待ちしておりました。こちらの用紙にご記入ください。

徐 ：はい。

フロント ：ご予約内容を確認いたします。喫煙のシングルルームに4泊、朝食はなしでよろしいですか。

徐 ：すみませんが、禁煙ルームに替えてもらえませんか。

フロント ：はい、少々お待ちください。あ、ちょうど空室がございますね。

정답 및 스크립트

🌸 Can Do 4 ・2과 37p

▶ 정답

1. C / B / D / A
2. A / B / B / A

▶ 스크립트

<橋本さん>

橋本 ：すみません。客室でインターネットに接続したいんですが。

フロント：インターネットの接続ですか。有線LAN・ワイファイ、いずれも無料でご利用いただけます。

橋本 ：そうですか。ワイファイのパスワードは何ですか。

フロント：パスワードなしでお使いいただけます。

<山崎さん>

山崎 ：すみません。今、大浴場に入れますか。

フロント：申し訳ございません。ご入浴時間は、午後は4時から12時までで、朝は6時から9時までとなっております。

山崎 ：わかりました。ありがとうございます。

<森さん>

森 ：すみません。コインランドリーはありますか。

フロント：申し訳ございません。洗濯機はございませんが、代わりにクリーニングサービスがご利用できます。こちらが料金表です。

森 ：高いですね。けっこうです。

<阿部さん>

阿部 ：すみません。チェックアウトお願いします。

フロント：ご利用ありがとうございます。

阿部 ：ちょっと荷物を預かってほしいんですが。

フロント：本日中でしたら、フロントでお預かりいたします。

阿部 ：わかりました。ありがとうございます。

🌸 Can Do 5 ・3과 45p

▶ 정답

1. C / A / D / B
2. B / A / C / D
3. C / B / A / D

▶ 스크립트

<申さん>

店員 ：お弁当、温めますか。

申 ：はい。お願いします。

店員 ：540円です。

申 ：はい。

店員 ：ありがとうございます。

申 ：あのう、トイレ借りてもいいですか。

店員 ：はい。どうぞ。

<姜さん>

店員 ：次のお客さま、こちらへどうぞ。

・・・・・・・・・・

店員 ：年齢確認、お願いします。

姜 ：はい。

店員 ：166円になります。

姜 ：はい。あの、ここから一番近い駅はどこですか。

<徐さん>

店員 ：全部で972円になります。

徐 ：はい。レシートをもらえますか。

店員　：はい。袋をお分しましょうか。

徐　：はい。お願いします。

　　　… あの、スプーンもう一つください。

<尹さん>

店員　：おにぎり、温めましょうか。

尹　：梅干だけお願いします。

店員　：はい。1,238円になります。

尹　：あの、海外のクレジットカード使えますか。

店員　：はい。大丈夫ですよ。

❀ Can Do 6

• 3과 51p

▶ 정답

1. C / A / B / D

2. A / D / C / B

3. A / B / A / B

▶ 스크립트

<韓さん>

韓　：すみません。靴売り場はどこですか。

店員A：3階にございます。

韓　：ありがとうございます。

…………

韓　：すみません。これの26センチありますか。

店員B：はい。こちらですね。

韓　：ぴったりですね。これください。

<尹さん>

尹　：あの、すみません。時計売り場はどこですか。

店員A：6階でございます。

尹　：ありがとうございます。

…………

尹　：この時計、見せてもらえますか。

店員B：はい、こちらですね。

尹　：つけてみてもいいですか。

店員B：ええ、どうぞ。

尹　：う〜ん。もうちょっと考えてみます。

<徐さん>

徐　：すみません。紳士服売り場はどこですか。

店員A：5階です。

徐　：どうも。

…………

徐　：このズボンはここにあるのが、全部ですか。

店員B：他にもございますよ。

徐　：もう少し、小さいサイズはありますか。

店員B：こちらが76センチですね。

徐　：試着してもいいですか。

店員B：はい。どうぞ。

…………

店員B：いかがでしたか。

徐　：ちょうどいいです。これにします。

<趙さん>

趙　：すみません。浴衣はどこにありますか。

店員A：4階の婦人服売り場にございます。

…………

趙　：この色違いはありますか。

店員B：申し訳ございませんが、この色しかございません。

趙　：そうですか。

❀ Can Do 7

• 4과 59p

▶ 정답

1. B / B / A / B

2. B / A / D / C

3. A / C / D / B

▶ 스크립트

<山崎さん>

店員 ：いらっしゃいませ。ご予約ですか。

山崎 ：いいえ。予約はしてません。

店員 ：何名様でしょうか。

山崎 ：二人です。

店員 ：お二人様ですね。禁煙席と喫煙席がございますが。

山崎 ：禁煙席でお願いします。

店員 ：かしこまりました。それではこちらにご案内します。

<橋本さん>

橋本 ：一人なんですけど、今、席空いてますか。

店員 ：ただ今テーブル席が満席となっておりまして、カウンター席でもよろしければご案内できますが。

橋本 ：じゃあ、お願いします。

店員 ：では、こちらへどうぞ。

<池田さん>

店員 ：いらっしゃいませ。ご予約ですか。

池田 ：はい、池田で予約してあります。

店員 ：池田様。お待ちしておりました。四名様でご予約ですね。

池田 ：はい、テーブル席でお願いしたんですが。

店員 ：はい、三番テーブルをおとりしております。では、こちらへどうぞ。

<石川さん>

店員 ：いらっしゃいませ。１名様ですか。

石川 ：いえ、後で二人来ます。

店員 ：お席は禁煙席と喫煙席がございますが。

石川 ：じゃあ、喫煙席でお願いします。あの、窓際の席空いてますか。

店員 ：申し訳ございません。窓際の席はただ今予約で埋っておりまして。

石川 ：そうですか。じゃあ、仕方ないですね。

店員 ：では、ご案内いたします。

❀ Can Do 8　　　　　• 4과 65

1. B / A / D / C
2. A / D / C / B
3. C / A / B / D

▶ 스크립트

<森さん>

店員 ：いらっしゃいませ。こんにちは。

森 ：チーズバーガーセットを一つください。

店員 ：チーズバーガーセットですね。お飲み物は何になさいますか。

森 ：コーラをお願いします。

店員 ：以上でよろしいでしょうか。お会計４００円になります。

<橋本さん>

店員 ：いらっしゃいませ。

橋本 ：ハンバーガーを単品で一つ、持ち帰りでお願いします。

店員 ：はい、お持ち帰りですね。お客様、よろしければセットはいかがでしょうか。

橋本 ：そうですねえ。じゃあ、セットにします。飲み物はバニラシェイクで。

店員 ：申し訳ございません。お飲み物はこちらのドリンクからになります。

橋本 ：そうですか。じゃあ、やっぱりハンバーガーだけでいいです。

店員 ：かしこまりました。ハンバーガーお一つで１００円になります。

<池田さん>

池田 ：すみません。注文してもいいですか。

店員 ：いらっしゃいませ。お待たせしました。

池田 ：ホットコーヒー一つお願いします。

店員　：ホットコーヒーですね。サイズはいか
　　　　がなさいますか。
池田　：Ｍサイズで。
店員　：かしこまりました。お会計２００円にな
　　　　ります。

<阿部さん>
店員　：いらっしゃいませ。
阿部　：えーっと、チキンナゲット二つにチョ
　　　　コシェイクも二つもらえますか。
店員　：申し訳ございません。当店ではチョコ
　　　　シェイクは取り扱っておりません。
阿部　：そうですか。じゃあ、バニラシェイク
　　　　でお願いします。
店員　：はい、ではシェイクのサイズはいかが
　　　　いたしましょうか。
阿部　：えーっと、じゃあ、Ｓサイズで。
店員　：かしこまりました。それではお会計
　　　　６４０円になります。

🌸 Can Do 9

•5과 75p

▶ 정답

1. A / D / C / B
2. A / C / B / D
3. C / A / D / B

▶ 스크립트

<尹さん>
日本人：どちらから来られたんですか。
尹　　：韓国です。
日本人：ああ、韓国の方ですか。ご旅行ですか。
尹　　：はい、遊びに来ました。日本は初めて
　　　　なんです。
日本人：それにしても日本語お上手ですね。
　　　　どうやって勉強なさったんですか。
尹　　：大学で２年ぐらい勉強しました。

<申さん>
日本人：韓国の方ですか。
申　　：はい、プサンから来ました。
日本人：日本は初めてですか。
申　　：いいえ、３回目です。
日本人：へえ、結構いらしてますね。ご旅行で
　　　　すか。
申　　：ええ、日本の食べ物が好きで、明日は
　　　　ラーメンを食べに行きます。
日本人：そうですか。でも日本語ホントに上手
　　　　ですよね。
申　　：いいえ、まだまだです。姉が日本語上
　　　　手なんで教えてもらったんです。

<趙さん>
日本人：あ、日本の方じゃないんですね。
趙　　：はい、韓国から来ました。
日本人：日本語お上手ですね。どうやったらそ
　　　　んなに上手になるんですか。
趙　　：子供のころから日本のアニメばっかり
　　　　見てたんです。
日本人：ああ、なるほど。じゃあ、日本には何
　　　　度も？
趙　　：いえ、まだ２回目なんですよ。今回は
　　　　留学している友達に会いに来たんです。

<徐さん>
徐　　：はじめまして。私、韓国から来ました、
　　　　徐と申します。
日本人：ああ、やっぱり、韓国の方ですね。ご
　　　　旅行ですか。
徐　　：いいえ、仕事の関係で。
日本人：あ、お仕事なんですね。じゃあ、日本
　　　　にはよくいらっしゃるんですか。
徐　　：はい、もう２０回くらい来ていると思
　　　　います。
日本人：それで日本語もお上手なんですね。

정답 및 스크립트

徐 ：週に一回日本人の先生に教えてもらっ
　　ていますが、まだまだです。

🌸 **Can Do 10** ・5과 81p

▶ 정답

1. B / A / C / D
2. C / D / B / A
3. D / C / A / B

▶ 스크립트

<姜さん>

友達 ：姜さん、いつ韓国に帰るんですか。
姜 ：明日の朝の飛行機です。
友達 ：あ、そうですか。もしよかったら、連
　　絡先を教えてくれませんか。
姜 ：いいですよ。フェイスブックやってま
　　すか。
友達 ：はい、やってます。
　　　　　… 연락처 교환 …
姜 ：じゃあ、今度韓国にも遊びに来てくだ
　　さい。おいしい韓定食のお店に連れて
　　行きますよ。
友達 ：それはぜひ行ってみたいですね。

<韓さん>

友達 ：あれ、もうチェックアウトですか。
韓 ：はい、今日の夜の飛行機なんです。
友達 ：ああ、残念ですね。あの、連絡先、交
　　換しませんか。
韓 ：ああ、いいですね。SNS何かやってま
　　すか？
友達 ：今はあんまり、やってないんですよ。
韓 ：じゃあ、メールアドレス教えてください。
　　　　　… 연락처 교환 …

友達 ：プサンには一度行ったことがあるんで
　　すけど、テジクッパっておいしいです
　　よね。
韓 ：あっ、ちょうど家の近くにすっごくお
　　いしい店があるんで、案内しますよ。

<申さん>

友達 ：いつまで日本にいるんですか？
申 ：明日の午後の船で帰ります。
友達 ：そうですか。連絡先、交換しましょう
　　よ。ラインのID教えてもらえますか。
申 ：えっ、ラインはやってないんで……。
友達 ：じゃあ、カカオトークはやってますよね。
申 ：あっ、やってます。
　　　　　… 연락처 교환 …
友達 ：韓国にも行ってみたいなあ。
申 ：ぜひ来てください。僕の家に泊まって
　　もいいですよ。
友達 ：本当ですか。嬉しいなあ。

<尹さん>

友達 ：尹さん、いつ韓国に帰るんですか。
尹 ：実はまだ決まってないんですよ。
友達 ：私は明日帰るつもりです。
尹 ：あ、そうですか。あ、これ私のIDです。
友達 ：韓国の人もラインやってるんですね。
　　カカオトークだけだと思ってました。
　　　　　… 연락처 교환 …
尹 ：ソウルにも遊びに来てくださいね。
友達 ：去年一度行ったんですけど、その時、
　　韓服って言うんでしたっけ？あの韓国
　　の伝統衣装を一度着てみたいなって思
　　ったんですよね。
尹 ：じゃあ、お店調べておきますね。一緒
　　に写真とりましょう。

🌸 Can Do 11

• 6과 89p

▶ 정답

1. B / D / A / C
2. C / B / D / A
3. A / C / B / D

▶ 스크립트

<石川さん>

石川 ：ユンさん、来月韓国に遊びに行くことになりました。

ユン ：え？ホントに？仕事ですか？

石川 ：いいえ、好きな歌手のコンサートがソウルであるんですよ。

ユン ：一人で来るんですか？

石川 ：友達と二人で行く予定なんですけど、もしよかったら食事でもしませんか。

ユン ：もちろん、いいですよ。

石川 ：ただ、1泊しかしないので、日曜のお昼しか時間がないんですが、大丈夫ですか？

<森さん>

森 ：チョさん、お久しぶりです！ちょっと急なんですけど、木曜日から仕事で釜山に行くことになりまして。

チョ ：え？今週ですか？

森 ：はい。日曜日には日本に帰るんですけど、土曜日は自由な時間がありそうなので、チョさんに連絡してみました。

チョ ：土曜日は暇ですから、いろいろ案内しますよ。あ、会社の人も一緒ですか？

森 ：あ、忘れてました。そうなんですよ。同僚も一緒なんですけど、いいですよね？

<橋本さん>

橋本 ：ハンくーん、久しぶりー。来週ソウルに遊びに行くことになったよー。

ハン ：え？ホント？日程はどんな感じ？

橋本 ：金曜日から2泊3日。でもまだ何にも決めてなくて。ハン君だけが頼りなんだよ。

ハン ：ええ、そりゃ困ったなー。友達も一緒なの？

橋本 ：実はさ、親と一緒なんだよね。

ハン ：なるほどー、それは大変だ。どこか行きたいところあるの？

橋本 ：どこでもいいけど、有名な観光地とか行ってみたいな。親も寺とか行くと喜ぶと思うし。

ハン ：OK。行くところは任せて！

<山崎さん>

ソ ：メッセージ見たけど、こんど釜山に遊びに来るって？

山崎 ：遊びっていうか、韓国語をちょっと勉強しに。

ソ ：あ、語学研修ね。期間はどのくらい？

山崎 ：うーんと、大体1ヶ月くらいかな。

ソ ：一人で来るんだよね。

山崎 ：もちろんだよ。日本人と一緒だったら勉強にならないからね。

ソ ：じゃあ、今日から韓国語で話そっか。

🌸 Can Do 12

• 6과 94p

▶ 정답

1. D / B / A / C
2. B / A / C / D
3. C / D / B / A

정답 및 스크립트

▶ 스크립트

＜石川さん＞

ユン　：宿の予算はどのくらいですか？

石川　：そうですねえ。特に予算は考えていませんが。

ユン　：ビジネスホテルなら１万円くらいで泊まれると思います。

石川　：あんまり安いところだとちょっと心配ですね。

ユン　：では、五つ星のホテルにしましょうか。平日なら２万円くらいで泊まれますよ。

石川　：じゃあ、それでお願いします。

＜森さん＞

森　：一泊5,000円ぐらいで考えているんですが、ホテルに泊まれますか。

チョ　：ホテルはちょっと難しいかもしれませんね。モーテルはどうですか。

森　：モーテルかあ……。なんかあんまり泊まりたくないですね。

チョ　：じゃあ、ゲストハウスはどうでしょう。ドミトリーなら2,000円もしないと思いますよ。

森　：それはおもしろそうですね。韓国の人たちと交流もしたいですし。

＜橋本さん＞

橋本　：ホントお金ないから、安いところ教えてよ。

ハン　：うーん、じゃあ、ゲストハウスのドミトリーなら2,000円くらいかな。

橋本　：それでもちょっと高いな。一泊の予算は1,500円なんだよね。

ハン　：1,500円？だったらチムジルバンしかないよ。

橋本　：チムジルバン？何それ？

ハン　：うーんとねえ、日本で言えば健康ランドみたいなところだよ。1,500円もしないと思うよ。

橋本　：それいいね。大きいお風呂にも入れるんでしょ？

ハン　：もちろん。いいところ知ってるから、あとでメッセージ送るね。

＜山崎さん＞

山崎　：ホテル代は一泊１万円で考えてるんだけど、どうかな。

ソ　：１万円払えば、そこそこのところに泊まれるよ。

山崎　：え、じゃあ、もっと安いところもあるの？

ソ　：そうだなあ。ゲストハウスの個室なら5,000円くらいかな。

山崎　：でも、トイレが共同なんだよね……？

ソ　：普通はそうだね。だったらモーテルはどう？ 最近はきれいでサービスのいいとこが結構あるみたいだよ。5,000円くらいで泊まれるし、もちろん風呂・トイレ付きだよ。

山崎　：じゃあ、そうしよっかな。ここで節約して、余った分はお土産代に回すよ。

🌸 Can Do 13　　　　　•7과 102p

▶ 정답

1. D / B / A / C
2. C / B / D / A
3. B / C / A / D

▶ 스크립트

＜石川さん＞

石川　：今、空港ですけど、ホテルまで何に乗ったらいいですか。

シン　：電車とリムジンバスとタクシーがあります。

石川　：便利なのはどれですか。

シン　：もちろんタクシーが便利ですけど、リムジンバスもいいですよ。

石川　：いくらぐらいかかりますか。

シン　：7,000ウォンぐらいです。

石川　：何分ぐらいで行けますか。

シン　：今の時間なら30分ぐらい、いや道が込むかもしれませんから、40分ぐらいかかりますね。

<森さん>

森　：今、着いたんだけど、何に乗ったらいい？

チョ　：電車とかリムジンバスがあるけど。

森　：電車はいくらぐらい？

チョ　：3,000ウォンぐらいで、4、50分かかるよ。

森　：リムジンバスは？

チョ　：確か7,000ウォンで、40分くらいかな。

森　：じゃあ、安い方にしようかな。

<橋本さん>

橋本　：今、空港だけど、ホテルまでどう行ったらいいかな。

ハン　：いろいろあるんだけど。

橋本　：早く行けるのは何？

ハン　：タクシーかな。ちょっと高いけど。

橋本　：そう。タクシーだと、いくらかかるの。

ハン　：だいたい2万ウォンぐらい。

橋本　：時間はどのくらい？

ハン　：早ければ20分で行けると思うよ。

<山崎さん>

山崎　：市内バスに乗ってホテルに向かおうと思うんですけど、何番に乗ったらいいですか。

ユン　：えっ、市内バスですか。リムジンバスの方が便利ですよ。

山崎　：街の様子を見ながら、のんびり行こうと思って……。

ユン　：そうですか。だったら307番のバスはどうですか。空港を出たらすぐに乗り場がありますよ。

山崎　：料金はいくらですか。

ユン　：1,300ウォンです。1時間ぐらいかかると思います。1万ウォン札は使えませんから、気をつけてくださいね。

山崎　：大丈夫です。交通カードを持っていますから。

❀ Can Do 14 　　　　　・7과 109p

▶ 정답

1. C / A / D / B
2. B / D / A / C
3. D / B / C / A
4. C / B / A / D

▶ 스크립트

<石川さん>

石川　：明日市内を見て回ろうと思うんですが、何に乗ったらいいですかね。

シン　：あちこち行くなら観光タクシーがいいですよ。テーマ別のコースもありますし。

石川　：そうですか。いくらぐらいかかりますか。

シン　：調べてみたんですけど、3時間で5万ウォンのと、5時間で8万ウォンのがあります。

石川　：そんなに高くないですね。5時間のにしようかな。乗り場はどこですか。

シン　：調べてみますね。

石川　：はい。すみません。

シン　：本当は一緒に行けたらいいんですが、すみません。

<森さん>

森 ：明日市内観光しようと思うんだけど、何に乗ったらいい？

チョ ：地下鉄はどう？ 一日乗車券を買ったら全部の路線が乗り放題だよ。

森 ：交通費を節約しないといけないから、ちょうどよかった。いくら？

チョ ：5,000ウォン。安くていいでしょ？

森 ：それ、いい！ 切符はどこで買うの？

チョ ：地下鉄の駅なら、どこでも買えるし、どこからでも乗れるよ。

森 ：ありがとう。

<橋本さん>

橋本 ：明日一人であちこち見て回りたいんだけど、どうしたらいいかな？

ハン ：シティーツアーバスはどうかな。いろんなコースがあるみたいだよ。

橋本 ：料金はいくら？

ハン ：1万5,000ウォンぐらいだと思うけど。

橋本 ：じゃあ、それにしようかな。どこで乗ったらいい？

ハン ：駅前に乗り場があるよ。

橋本 ：ありがとう。

ハン ：ううん、明日、一緒に行けなくてごめんね。

<山崎さん>

山崎 ：明日、時間があるので市内バスにでも乗ってあちこちゆっくり見て回ろうと思うんですが。

ユン ：観光なら、市内バスよりシティーツアーバスがいいですよ。

山崎 ：韓国の路線バスを体験してみようと思って……。

ユン ：そうですか。交通カードを使えば2回まで無料で乗り換えできますから、格安

ですよ。でも、急行バスは一般バスより500ウォン高いです。

山崎 ：一般バスはいくらですか。

ユン ：1,300ウォンです。

山崎 ：そうですか。まあ、時間はたくさんあるんで、一般バスに乗ります。

ユン ：バス停はあちこちにありますから、探してみてください。

山崎 ：ありがとうございます。

❀ Can Do 15 •8과 116p

▶ 정답

1. C / D / A / B

2. A / C / B / D

3. B / D / A / C

▶ 스크립트

<山崎さん>

カン ：何にしましょうか。

山崎 ：冷たいものがいいですねえ。

カン ：じゃあ、ネンミョンにしますか。

山崎 ：え？ ネンミョンって何ですか。

カン ：あ、韓国冷麺のことですよ。

山崎 ：すみません。麺類はあまり食べたくなくて……。

カン ：じゃあ、ムルフェはどうですか。刺身に冷たいだし汁をかけて食べます。

山崎 ：へえ、おいしそう。それ、食べてみたいです。

<石川さん>

ソ ：お昼、何にする？

石川 ：んーと、あったかいものがいいかな。

ソ ：じゃあ、ヘムルタンなんかどう？

石川 ：それってどんなの？

ソ ：タコとか貝なんかを入れたピリ辛海鮮

176

鍋だよ。

石川 ：辛いのはなあ。

ソ 　：じゃあ、テジクッパはどう？　とんこつ
　　　　スープに豚肉が入ったクッパだよ。

石川 ：いいね。じゃあ、それにしよう。

<橋本さん>

チョ ：何がお好きなんですか？

橋本 ：僕、カニが大好きなんですよ。

チョ ：じゃあ、カンジャンケジャン食べに行
　　　　きましょう。

橋本 ：それ、カニなんですか？

チョ ：はい、生のカニを醤油に漬けたものな
　　　　んですよ。

橋本 ：生ですか！？　実は生ものが苦手で……。

チョ ：そうだったんですね。じゃあ、コッケ
　　　　タンはどうでしょう。カニのピリ辛鍋
　　　　です。

橋本 ：いいですね。そういうの待ってました。

<森さん>

シン ：何食べる？

森 　：お酒に合うものがいいかな。

シン ：そうだなあ。サムギョプサルはどう？
　　　　あ、テジカルビもいいかも。

森 　：サムギョプサルは知ってるけど、テジ
　　　　カルビって？

シン ：豚のカルビだよ。焼いて食べるだけ。

森 　：ごめん。私、豚肉だけはダメなんだ。

シン ：そうなんだ。じゃあ、タッカルビは？
　　　　鶏肉を炒めて食べる料理だよ。ちょっ
　　　　と辛いけど。

森 　：やったー。鶏肉大好きなんだ。辛いの
　　　　も全然問題ないよ。

🌸 Can Do 16

• 8과 124p

▶ 정답

1. C / B / A / D
2. D / C / B / A
3. B / D / C / A

▶ 스크립트

<山崎さん>

山崎 ：おいしそう！　もう煮えてるのかな？
　　　　食べていいですか？

カン ：いえ、火が通るまでもう少し待ってく
　　　　ださい。

山崎 ：あの、このスプーンはいつ使うんです
　　　　か？

カン ：汁をすくう時にも使いますし、ごはん
　　　　もこれで食べるんですよ。

山崎 ：あ、そうなんですね。

　　　　　…식사를 마치고…

山崎 ：もうおなかいっぱい。あの、「おいしか
　　　　ったです」って韓国語で何て言うんです
　　　　か？　店員さんに言ってみたいんですけ
　　　　ど。

カン ：そうですねえ……。

<石川さん>

石川 ：牛肉は久しぶりだなあ。

ソ 　：すぐに焼けるから、どんどん食べて。

石川 ：うん、うまい！　ごはんもおいしそう。
　　　　あちちちち！　何でごはんの器、こんな
　　　　に熱いの？　これじゃ持てないよ。

ソ 　：あ、韓国ではごはんはテーブルの上に
　　　　置いて食べるんだよ。

石川 ：そうなんだあ。スプーンで食べるって
　　　　いうのは知ってたんだけど。

　　　　　…식사를 마치고…

石川 ：ああ、うまかったあ。ねえ、韓国語で

「ごちそうさまでした」って店員さんに言ってみたいんだけど。

ソ ：ああ、それはねえ……。

<橋本さん>

橋本 ：冷たくておいしそう。いただきまーす。

チョ ：あ、ちょっと待ってください。はい、これ。

橋本 ：え!? ハサミ!? これどうするんですかあ!?

チョ ：いや、麺を切るんですよ。ほらこうやって。

橋本 ：ええっ！え～～～～～！！！！！

チョ ：カラシもかけるとおいしいですよ。

… 食事を終えて …

橋本 ：明日のお昼もここにしませんか？そうだ。「また来ます」って韓国語でどう言うんですか？店員さんに言ってみたいんですけど。

チョ ：ええと、「また来ます」ですよね……。

<森さん>

シン ：じゃあ、乾杯しよっか。

森 ：ちょっと待って、これそのまま飲むのは、ちょっときついかも。

シン ：じゃあ、ビールと割って飲む？そうやって飲む人も多いよ。

森 ：うん、じゃあお願い。

二人 ：はい、かんぱーい！

森 ：あれ？何で横向いて飲んでんの？

シン ：だって僕の方が二つも下だよね。目上の人には飲んでるところを見せないようにするのが韓国のマナーなんだ。

森 ：何よ。二つしか変わんないじゃない。

… 食事を終えて …

森 ：おごってもらってばっかりじゃ悪いか

ら、ここは私が出すよ。ねえ、「いくらですか」って韓国語でどう言ったらいい？

シン ：んー、ちょっと発音難しいけど大丈夫？

🌸 Can Do 17
• 9과 132p

▶ 정답

1. C / A / B / D

2. A / C / D / B

3. B / D / A / C

▶ 스크립트

<山崎さん>

山崎 ：海を見てみたいんですけど。

カン ：それなら、近くに有名なビーチがありますよ。

山崎 ：どうやって行くんですか？

カン ：ここからだと地下鉄で30分くらいかな。

山崎 ：へえ、けっこう近いんですね。

カン ：ええ、それに近くにはカジノもあるから、夜も楽しめますよ。

山崎 ：カジノですか。面白そうですね。じゃあ、明日連れて行ってくれますか？

<石川さん>

石川 ：有名なお寺を見に行きたいんだけど、おすすめの場所ってある？

ソ ：じゃあ、プルグクサはどう？ユネスコに世界遺産登録されたところだよ。

石川 ：プルグクサ？ここからは近いの？

ソ ：近くはないけど、高速バスに乗れば、1時間くらいで行けるよ。

石川 ：1時間くらいかあ。

ソ ：それに、そこは昔、新羅の首都だったから、いろんな遺跡も見られるよ。

石川 ：いいね。じゃあ、明日行ってみよう。

<橋本さん>

橋本 ：冬季オリンピックがあった所に行って
　　　みたいんですけど。どの辺にあるんで
　　　すか？

チョ ：カンウォンドですよ。

橋本 ：ここからすごく遠いんですよね。

チョ ：ええ、車とかバスで行ったら時間がか
　　　かりますけど、KTXなら１時間半くら
　　　いだと思います。

橋本 ：１時間半か、じゃあ、明日行ってみます。

チョ ：スキージャンプ台には展望台があり
　　　ますから、一度上ってみたらどうです
　　　か？ 空気もいいし、きれいな景色が一
　　　望できますよ。

橋本 ：へえ、それは面白そうですね。

<森さん>

森 ：明日、一日予定が空いてるから、遊園
　　　地とかで一日中遊びたいなあ。

シン ：それなら、市内にある遊園地に行って
　　　みる？

森 ：市内なら、地下鉄やバスでも行けるよね。

シン ：うん。でも、明日はオフだから僕が車
　　　を出すよ。

森 ：わあ、マジで！

シン ：すぐ隣には免税店もあるから、お土産
　　　も買って行けるよ。よかったら、買い
　　　物も付き合うよ。

森 ：シンくん、本当にありがとう。

🌸 Can Do 18

•9과 139p

▶ 정답

1. A / C / D / B
2. B / D / A / C
3. C / B / D / A

▶ 스크립트

<山崎さん>

山崎 ：お土産買いたいんだけど、何かおすす
　　　めの物ありますか。

カン ：誰へのお土産ですか。

山崎 ：うちの旦那なんですけど。

カン ：旦那さん、お酒飲まれます？

山崎 ：はい、大好きです。

カン ：そうですか。お酒好きでしたら、マッ
　　　コリなんかどうですか。

山崎 ：いいですね。どこで売ってるんですか。

カン ：スーパーにも売ってますけど、そう言
　　　えばこの前、ソウルデパートでお土産
　　　用のマッコリのセールをしてましたよ。
　　　一緒に行ってみますか？

山崎 ：ええ、是非！

<石川さん>

石川 ：今からお土産買いに行くんだけど付き
　　　合ってくれる？

ソ ：どこ行くの？

石川 ：明洞。

ソ ：お土産だったら、近くの大型スーパー
　　　とか市場とかでもいいんじゃない？

石川 ：友達からさ、フェイスクリーム頼まれ
　　　てるんだよね。

ソ ：ああ、また免税店に行くつもりなんだ。
　　　昨日行った時買えばよかったのに。

石川 ：自分のだけ買って、友達の買うの忘れ
　　　てたんだ。

<橋本さん>

橋本 ：のりって、どこで安く買えますか。

チョ ：ご家族へのお土産ですか。

橋本 ：家族からは化粧品を頼まれていて、のり
　　　は会社の同僚からなんですよ。

정답 및 스크립트

チョ ：だったら、ホームマートに行ってみますか。大型スーパーですから、結構安いですよ。

橋本 ：よかった。前、免税店で買った時は、すごく高かったんですよ。

チョ ：この近くにあるから、今から一緒に行ってみましょう。

橋本 ：どうもすみません。

<森さん>

森 ：韓流アイドルのグッズってどこで買えるの？

シン ：ええ、意外だな。森さんって、韓流アイドル好きなんだ。

森 ：いや、私じゃなくて、妹からTシャツ頼まれてるの。

シン ：んーとね、東大門の方に大きな店があるよ。

森 ：東大門？じゃあ、市場の中？

シン ：うん、市場の中にあるグッズショップだよ。

森 ：東大門市場って広すぎて、どこをどう行ったらいいかわかんないよ。

シン ：安心して。僕が連れて行ってあげるから。

🌸 Can Do 19
•10과 146p

▶ 정답

1. D / B / C / A
2. C / B / A / D
3. C / D / B / A

▶ 스크립트

<姜さん>

カン ：ここが私の通ってる大学です。

山崎 ：わあ、素敵なキャンパスですね。カンさんは何を勉強してるんですか？

カン ：観光経営です。

山崎 ：そうなんですか。じゃあ、将来は観光ガイド志望ですか？

カン ：うーん、それもいいけど、私は日本のホテルで働きたいと思っているんです。

山崎 ：あ、それで日本語一生懸命勉強してるんですね。

カン ：そうなんです。あ、ここ学食なんですけど、ここでお昼どうですか？

山崎 ：いいですね。食べてみたいです。

<徐さん>

ソ ：あれが社員食堂ですよ。お昼食べて行きましょうか。

石川 ：そうですね。味はどうですか？

ソ ：うーん、まあまあですね。

石川 ：自動車の部品を作ってる会社ですか？

ソ ：はい、僕はマーケティングの方ですけどね。

石川 ：へえ、そうなんですか。すごいですね。

ソ ：そんなことないですよ。実は今転職を考えていて……。

石川 ：え？こんな大きな会社なのに？もったいないなあ……。

<趙さん>

橋本 ：きれいな学校だね。チョさん、何の勉強してるんだっけ？

チョ ：私はコンピューター情報学。

橋本 ：へーすごいね。じゃあ、卒業したらプログラマーになるの？

チョ ：いや、そこまではまだ考えてないよ。

橋本 ：そうなんだ。あ、ここって食堂？

チョ ：うん、でもあんまりおいしくないんだよ。

橋本 ：じゃあ、外に出て何か食べようか。

チョ ：そうしよっか。

<申さん>

シン　：ここが僕の働いてる会社。

森　　：わあ、大きいねえ。

シン　：今、通訳を担当してるんだ。

森　　：へえ、さすが！日本語ぺらぺらだもんね、シンくんは。

シン　：でも本当は専攻を生かして設計の方をやりたいんだよなあ。

森　　：そうなんだ。きっと将来はやれると思うよ。

シン　：そうだといいけどねえ。あ、もうお昼だね。何か食べる？

森　　：ううん、まだお腹すいてないから、もう少し後で。

❀ Can Do 20

• 10과 153p

▶ 정답

1. D / B / C / A
2. C / A / D / B
3. A / B / D / C

▶ 스크립트

<山崎さん>

カン　：山崎さん、韓国はどうでしたか。

山崎　：ホントに楽しかったです。でも雨が多かったのは残念でした。

カン　：そうですね。次は私が夏休みに日本へ行くつもりです。

山崎　：あ、そうですか。その時は私が案内しますよ。連絡ください。

カン　：えー？うれしいです。楽しみにしています。あ、あとこれはお土産。キムチです。母が昨日、山崎さんのために作ったんですよ。

山崎　：わー、すごい。ありがとうございます。

<石川さん>

ソ　　：石川さん、韓国の食べ物おいしかったでしょう？

石川　：もう、何もかもうまくて、２キロぐらい太っちゃったような気がします。でも、サムゲタンを食べられなかったのは残念ですね。

ソ　　：じゃあ、今度来た時に一緒に食べましょう。はい、これはお土産。

石川　：わあ、ありがとうございます。この辛いラーメン大好きなんです。ソさんは日本に来る予定はありますか。

ソ　　：そうですね。行きたいとは思ってるんですが、ずっと仕事の方が忙しくてなかなか時間がとれないんですよ。

<橋本さん>

橋本　：ソウル、ホントに楽しかったよ。

チョ　：うん、私も楽しかった。でももうちょっとゆっくりできるとよかったよね。

橋本　：そう、１泊じゃちょっとねえ……。次は３泊ぐらいはしたいなあ。

チョ　：うん、そうだね。あ、私今年の年末、日本に行こうと思ってるんだけど。

橋本　：年末？年末はちょっと忙しいかも。でも時間作ってみるよ。

チョ　：ううん、無理しなくていいからね。はい、これお土産。

橋本　：わあ、高麗人参のエキス？父が大好きなんだ。ありがとう。

チョ　：よかった。喜んでもらえて。

<森さん>

シン　：プサンどうだった？

森　　：すごく楽しかったよ。でもパクさんにも会いたかったなあ。

シン　：そうだね。あいついつも忙しいから。

次に森ちゃんが来る時は時間空けとけって言っとくよ。

森　：うん。あ、そうだ。今度二人で日本に遊びに来なよ。私、案内するよ。

シン：いいねえ。しっかりお金貯めてから来年には行くよ。

森　：うん、待ってるからね。

シン：はい、これお土産。森ちゃんが欲しがってた口紅。

森　：え？ どうしてわかったの？ さすがシンくん！ 嬉しい！ ありがとう。

チャレンジ!

1. 입국
• 1과 26p

1. ① 荷物が出てきません。
② 新宿まで大人1枚ください。
③ あの、すみません。地下鉄はどこにありますか。

2. ① 어디까지 가십니까?
② 버스 승강장은 1층에 있습니다.
③ 저쪽에 있는 녹색 창구에서 구매하십시오.

2. 숙박
• 2과 40p

1. ① 室内の温度を少し下げてもらえますか。
② ルームキーを部屋において出てしまいました。
③ タオルをもう一枚もらえますか。

2. ① 외출하실 때는 반드시 프런트에 열쇠를 맡겨 주십시오.
② 식사하실 때는 반드시 식권을 들고 오십시오.
③ 여권 복사를 해도 될까요?

3. 쇼핑
• 3과 54p

1. ① ここで免税できますか。
② ディズニーランドのチケットはここで買えますか。
③ プレゼント用に包んでください。

2. ① 신분증 가지고 계십니까?(보여 주시겠습니까?)
② 쇼핑백은 가지고 계십니까?
③ 재고가 없습니다.

4. 식사
• 4과 70p

1. ① クーポン使えますか。
② ご飯のおかわりもらえますか。
③ お会計(お勘定)お願いします。

2. ① 앞접시 드릴까요?
② 이제 라스트오더 시간입니다.
③ 커피 시키신 분?

5. 교류
• 5과 84p

1. ① ほかの地域には何度か行ったことがあります。
② 一緒にアカウントを作りましょうか。
③ 大変お世話になりました。

2. ① 매우 유창하시네요. / (외국어를) 완전 잘하시네요.
② 안부 좀 전해 주세요.
③ 건강 조심하세요.

6. 계획
• 6과 98p

1. ① 暑いから半袖で大丈夫ですよ。
② 代わりに予約しますよ。
③ 韓国のホテルには歯ブラシがありません。

2. ① 현금은 얼마 정도 가져가면 돼?
② 교통편이 좋은 곳이 좋아.
③ 찜질방에는 이불이나 베개 정도는 있어?

2. ① 장기 휴가는 있나요?
② 통학(통근) 수단은 뭐야?
　(학교(직장)까지 어떻게 다녀?)
③ 나중에 사진 보낼게.

7. 교통

• 7과 112p

1. ① 何かあったら、すぐに電話ください。
② コンビニでもチャージできますよ。
③ 改札の前で待ってるね。

2. ① 표를 어떻게 구입하는지 모르겠습니다.
② 길을 잃었습니다.
③ 어디서 내리면 돼?

8. 식사

• 8과 128p

1. ① ビール一杯どうですか？
② キムチはおかわりできるよ。
③ このタレに付けて食べてみて。

2. ① 물수건 받을 수 있을까요?
② 한국적인 것을 먹고 싶은데.
③ 더치페이 해도 돼?

9. 관광

• 9과 142p

1. ① 無料(ただ)で入れます。
② まけてもらいましょうか。
③ バーゲンセールしてるみたいだよ。

2. ① 입장료 얼마예요?
② 차 갖고 와 주면 고맙겠는데.
③ 영화제에도 가 보고 싶어.

10. 교류

• 10과 156p

1. ① 資格を取ろうと思ってます。
② ３０分おきにシャトルバスが出ます。
③ 空港まで送るよ。

참고 문헌

- 奥村三菜子・櫻井直子・鈴木裕子『日本語教師のためのCEFR』くろしお出版 (2016)

- 国際交流基金『まるごと 日本のことばと文化 入門 A1 りかい』三修社 (2013)

- 国際交流基金『まるごと 日本のことばと文化 入門 A1 かつどう』三修社 (2013)

- 国際交流基金『まるごと 日本のことばと文化 初級1 A2 りかい』三修社 (2014)

- 国際交流基金『まるごと 日本のことばと文化 初級1 A2 かつどう』三修社 (2014)

외국어 출판 40년의 신뢰
외국어 전문 출판 그룹
동양북스가 만드는 책은 다릅니다.

40년의 쉼 없는 노력과 도전으로 책 만들기에 최선을 다해온 동양북스는
오늘도 미래의 가치에 투자하고 있습니다.
대한민국의 내일을 생각하는 도전 정신과 믿음으로 최선을 다하겠습니다.

📖 동양북스

📖 동양북스 추천 교재

일본어 교재의 최강자, 동양북스 추천 교재

회화 코스북

일본어뱅크 다이스키
STEP 1·2·3·4·5·6·7·8

일본어뱅크
좋아요 일본어 1·2·3·4·5·6

일본어뱅크 도모다찌
STEP 1·2·3

분야서

일본어뱅크
좋아요 일본어 독해 STEP 1·2

일본어뱅크
일본어 작문 초급

일본어뱅크
사진과 함께하는
일본 문화

일본어뱅크
항공 서비스 일본어

가장 쉬운 독학
일본어 현지회화

수험서

일취월장 JPT
독해·청해

일취월장 JPT
실전 모의고사 500·700

일단 합격하고 오겠습니다
JLPT 일본어능력시험
N1·N2·N3·N4·N5

일단 합격하고 오겠습니다
JLPT 일본어능력시험
실전모의고사 N1·N2·N3·N4/5

단어·한자

특허받은
일본어 한자 암기박사

일본어 상용한자 2136
이거 하나면 끝!

일본어뱅크
좋아요 일본어 한자

가장 쉬운 독학
일본어 단어장

일단 합격하고 오겠습니다
JLPT 일본어능력시험
단어장 N1·N2·N3